Mirjam Schambeck / Elisabeth Wöhrle

Im Innern barfuß

Auf der Suche nach alltagstauglichem Beten

Franziskanische Akzente

herausgegeben von Mirjam Schambeck sf
und Helmut Schlegel ofm

Band 25

MIRJAM SCHAMBECK /
ELISABETH WÖHRLE

Im Innern barfuß

AUF DER SUCHE NACH
ALLTAGSTAUGLICHEM BETEN

echter

Herzlicher Dank geht an Eva Kasper für die sorgfältige Zuarbeit bei den Korrekturen sowie an die Provinz Sankt Elisabeth der Franziskaner-Minoriten, OFM Conv. in Deutschland für die finanzielle Unterstützung.

Wir widmen dieses Buch allen, die immer wieder dienstags mit uns meditieren, die die Gottesfrage nicht beruhigen wollen und aufstehen für eine bessere Welt.

Bibliografische Information der Deutschen Nationalbibliothek
Die Deutsche Nationalbibliothek verzeichnet diese Publikation
in der Deutschen Nationalbibliografie; detaillierte bibliografische
Daten sind im Internet über ‹http://dnb.d-nb.de› abrufbar.

1. Auflage 2020
© 2020 Echter Verlag GmbH, Würzburg
www.echter.de

Umschlag: wunderlichundweigand.de
Satz: Crossmediabureau, Gerolzhofen
Umschlagfoto sowie Fotos zu den Kapiteln: © Elisabeth Wöhrle sf
Druck und Bindung: Friedrich Pustet, Regensburg

ISBN
978-3-429-05483-0

Inhalt

1. Im Innern barfuß

Das Coverbild verwundert. Wie kann es sein, dass im harten Betonboden Fußspuren zu finden sind, noch dazu barfüßige? Ist es überhaupt möglich, dass so weiche Formen einen so harten Untergrund verändern? Natürlich ist jedem, der schon einmal Beton gegossen oder dabei zugesehen hat, klar, dass hier Menschen über den Beton gelaufen sind, noch bevor er trocken war. Die Fußabdrücke sind geblieben, der Boden in den Augen von Bauarbeitern vielleicht nicht perfekt, aber eben einzigartig geworden.

Uns schien dieses Foto der barfüßigen Füße im Beton ein gutes Bild zu sein, ein Buch über das Gebet einzuleiten. Im Gebet wird man offen, auch verwundbar, lässt sich prägen. Das Gebet macht aufmerksam für das, was sich in mir tut, um mich herum, meine Welt und Gott. Beten kann man eigentlich nur „barfüßig" – also ohne Schuhe und Mauern, die man sonst vielleicht dazwischengeschoben hat: zwischen sich und die anderen, zwischen sich und Gott, zwischen die, die ich im Innersten bin, und die Funktionsweisen, in denen mich andere kennen und die mich trotzdem nicht ganz ausmachen. Im Grunde könnte man das Beten auch als täglichen und andauernden Versuch beschreiben, immer durchlässiger zu werden auf das Eigentliche und den Eigentlichen, auf das Wirkliche und den Wirklichen, auf die Menschen und Gott hin. Von daher wundert es nicht, dass die Sehnsucht nach religiösen Erfahrungen umtreibt und wir Menschen in unserem Innersten danach tasten, von Gott gefunden zu werden.

Dass dieser barfüßige Boden in Tabgha zu finden ist, war für uns ein zusätzliches Motiv. Tabgha liegt am See Gennesaret und ist der Ort, an dem die biblische Brotvermehrung verortet wird. Schon im 5. Jahrhundert wurde dort eine Kirche errichtet, die durch ihre einzigartigen Fußbodenmosaike noch heute Besucher*innen fasziniert – ergänzt nun eben durch diese, von barfüßigen Füßen signierte Bodenplatte. Der Ort der Brotvermehrung (vgl. Mk 6,35–44 par.) passt gut zu dem, was Gebet sein kann. Die Brotvermehrungserzählung beginnt mit dem Hunger der Leute. Es ist Abend, ein langer Tag liegt hinter allen und es ist Zeit zu essen. Aber da gibt es nichts. Jesus ist mit den Jüngern an einen abgelegenen Ort gefahren, die Menschen sind ihm nachgelaufen, und zwar zu Tausenden, wie es bei Markus heißt, aber was nun? Hier gibt es nichts zu kaufen und der Hunger drängt. Die Jünger wollen die Leute wegschicken. Die Strategie, Probleme loszuwerden, indem man die Dinge nicht an sich heranlässt, ist also keine bloß heutige. Jesus aber gibt sich nicht damit zufrieden. „Gebt ihr ihnen zu essen", fordert er sie auf (Mk 6,37), und als die Jünger abwehren, weil sie dafür ein Jahresgehalt ausgeben müssten (200 Denare eben), lässt Jesus dennoch nicht locker und fordert sie auf nachzusehen, was sie selbst haben. Es ist nicht viel – fünf Brote und zwei Fische –, und dennoch passiert das Unfassbare: Jesus spricht das Dankgebet, und alle teilen, werden satt, und es ist so viel übrig geblieben, dass zwölf Körbe voll geworden sind (Mk 6,43).

Uns rührt dieses Bild der Brotvermehrung an: Den Hunger nach dem, was das Gebet meint, kennen wir auch. Auch für viele junge Menschen gehört das Gebet zum Alltag. Eine der jüngsten Jugendstudien hält fest, dass drei

Viertel der befragten Jugendlichen das Gebet zumindest manchmal, oftmals auch regelmäßig praktizieren und das Gebet selbstverständlich zu ihrem Leben gehört.[1] Vielfach sind es Krisen, die zu beten geben und nach jemandem fragen lassen, der größer ist als ich selbst. Aber auch sich zu freuen und für Geglücktes und Schönes Danke zu sagen sind laut besagter Jugendstudie Anlass für junge Menschen zu beten.

Und dann kommt die große Frage: Wo kann ich meinen Hunger stillen – oder gewendet auf das Gebet: Wie geht Beten? Was ist es überhaupt? Erschöpft es sich im *Reden* mit etwas Größerem, mit Gott? Ist Beten identisch mit Liturgie, also damit, rituelle Gebete zu vollziehen, an der Eucharistiefeier teilzunehmen oder an gemeinsamen Gebetszeiten? Ist Beten etwas, das man in der Kirche macht – also einem eigens dafür vorgesehenen Ort und einer speziell reservierten Zeit? Was hat Beten mit mir zu tun? Ist es alltagstauglich – also so, dass es in meinem Alltag wurzelt, meine erlebten Banalitäten Thema des Gebets sind und meinen Alltag in Gott hineinhebt? Macht Beten Gott auffindbar auch in den Unwichtigkeiten meines Lebens?

Die Brotvermehrungserzählung war uns Anstoß, die Menschen, die mit uns meditieren, jede Woche neu, mit diesen Fragen nicht einfach wegzuschicken. Seht ihr doch nach, was ihr habt. Zugegeben, auch die folgende Erfahrung teilen wir mit den Jünger*innen der Brotvermehrungserzählung: Es ist viel zu wenig, was wir zu bieten haben, es reicht nicht, deshalb ist es wohl besser, die Leute zu beredteren Meister*innen zu schicken, so dachten wir. Nun aber haben wir es gewagt, ein Buch zu schreiben, wie Beten aus unserer Sicht gehen kann: barfüßig nur – und damit sehr unmittelbar mit dem Boden verbunden, also

der Welt, die unseren Alltag ausmacht. Barfüßig, das heißt
für uns auch: durchlässig für den Boden, auf dem wir stehen, die Welt, die uns umgibt, vielleicht so, wie Hilde Domin (1909–2006) dies auf ihre feinsinnige Art formuliert:

> Wir müssen dünne Sohlen tragen
> oder barfuß gehen.
> Was wir berühren,
> mit leichtem Finger berühren,
> mit wachen Fingerspitzen.
> Nichts achtlos.[2]

Und schließlich ist für uns das Bild, „im Innern barfüßig"
zu werden, auch eine Einladung, gerade angesichts der erschreckenden Erkenntnisse über den Klimawandel und
der erforderlichen Schritte für eine gesunde Schöpfung,
anzufangen, Gewohntes abzulegen und einfacher zu leben – barfüßig eben. Das ist sicher ein Risiko und in poli-
tischen Debatten eher belanglos oder gefürchtet. Für uns
ist das barfüßige Herz aber ein starkes Bild, Sicherheiten
abzulegen, der Verletzlichkeit zu trauen, mit dem Teilen
zu beginnen und gerade darin offen zu werden für Gott,
der alles Leben hält und erhält.

Dass unsere Erfahrungen mit dem Beten auch andere
sattmachen, haben nicht wir zu entscheiden. Aber es sei
diesem Buch als Wunsch mitgegeben, dem eigenen Hunger nach Glück und nach Leben viel zuzutrauen. Er ist
eine gute Spur, Gott mitten in unseren meist unwichtigen
Alltäglichkeiten zu entdecken, die aber doch unser Leben
ausmachen. Immer durchlässiger auf Gott hin, im Innern
eben barfüßig zu werden, ist für uns insofern eine Grund-
beschreibung des Gebets, die wir im folgenden Buch entfalten wollen.

Angeregt durch die franziskanische Spiritualität, inspiriert durch Texte und Gedichte von Gottsucher*innen, die sich so verstehen, und Dichter*innen, die sich selbst wohl kaum als religiös bezeichnen würden, aber Texte geschrieben haben, die oft besser als herkömmliche Gebetstexte unsere tiefen Fragen ausloten, geht der Band der Frage nach, was Beten ist und wie Beten alltagstauglich geht. Dazu spannen wir im zweiten Kapitel ein Panorama auf, das den weiten Horizont des Gebets skizziert. Sosehr das Gebet nämlich gesucht, praktiziert, beiseitegelassen wird oder leer bleibt, so sehr erinnert es an die Grundfragen, die uns Menschen umtreiben: Woher komme ich? Was gibt meinem Leben Sinn? Wo finde ich Glück? Wohin gehe ich?

Im dritten Kapitel werden entlang von biblischen Erfahrungen, die auch Franziskus (1182–1226) und Klara (1193–1253) wichtig waren, Verdichtungen aufgespürt, was Beten ist und wozu, biblisch gesehen, das Gebet anstiftet. Das vierte Kapitel stellt ganz praktisch Gebetsweisen vor, die wir als alltagstauglich empfinden und von denen wir hoffen, dass sie Menschen in ihrem Alltag bewegen, auf ganz persönliche, je ihre Weise nach Gott zu fragen und von ihm gefunden zu werden.

2. Beten – ein Panorama von Fragen, Hoffnungen und Ermutigungen zum Leben

Beten wirft ein ganzes Panorama von Fragen, Hoffnungen und von Ermutigungen zum Leben auf. Beten reicht tief in unser Menschsein hinein und ist gerade deshalb so unbeschreiblich und doch so naheliegend. Es fordert uns heraus, weil es uns vor Augen führt, dass wir nicht in dem aufgehen, was wir in Händen halten. Beten ist wie ein Brennglas, in dem die Frage nach dem Menschen und nach Gott ineinandergehen. Wer vom Beten spricht, redet deshalb vom Menschen und von Gott und davon, wie geglücktes Menschsein möglich und erlittenes Leben bewältigbar ist. Einige Aspekte dieses weiten Panoramas wollen wir im Folgenden beleuchten.

„Hier bin ich mit meiner Sprachlosigkeit" – Beten ist mehr als Reden

Für nicht wenige Menschen bedeutet beten, Texte zu sprechen – alte oder neue, vorformulierte oder eigene. Beten wird gleichgesetzt mit dem Reden mit Gott. Das stimmt, ist aber zu wenig. Beten ist nämlich mehr als Reden. Auch wenn Beten – wie das Reden – Ausdruck ist, nicht nur bei mir zu bleiben, sondern mich dem anderen zuzuwenden, ist das Reden nur eine von vielen unterschiedlichen Weisen, mit dem anderen und auch mit Gott in Beziehung zu treten. Manchmal zeigt die Erfahrung sogar, dass Worte eher den Weg zu dem verstellen, was ich sagen will, oder dem anderen so unverständlich und fremd bleiben, dass er nichts versteht. Ein berechtigter Vorwurf gegen tradierte Gebete lautet deshalb, dass sie in einer Sprache daherkommen, die hohl und leer ist und kaum mehr zu transportieren vermag, dass es um mich, wie ich hier bin, meine Welt und Gott geht.

Gerade liturgisches Beten dreht sich zu oft um die Vorstellung, „Gott die Ehre" zu geben, ihm „makellose Opfergaben" zu bringen oder aus der Errettung „vom ewigen Verderben" zu bitten (Erstes Hochgebet). Sosehr dieses Sprechen in einem bestimmten Kontext Menschen geholfen hat, ihre Situation vor Gott zu bringen, und paradoxerweise in bestimmten sog. Neuen geistlichen Bewegungen gerade wieder re-aktiviert wird, so wirken diese Worte heute dennoch wie aus der Zeit gefallen. Wer spricht in seinem Alltag von Ehre, und ist Ehre eine gute Terminologie, um die Beziehung von Gott und Mensch auszudrücken? Wird damit nicht einer Gottesvorstellung zugearbeitet, die Gott in weite und unerreichbare Himmel rückt und ihn zum Unnahbaren degradiert? Sind die herrscherlichen Bilder des Königs, Triumphators und Weltenherrn für Menschen, die in Demokratien groß geworden sind, gute Formulierungen, um Gott anzureden? Wird das Verhältnis von Gott und Menschen in einer solchen Rede nicht zu sehr wie ein mittelalterliches Lehensverhältnis bestimmt, in dem der Mensch Gott einen genau definierten Anteil zuzuteilen hat, um den geschlossenen Vertrag aufrechtzuerhalten?

Studiert man die biblischen Texte, wird schnell deutlich, dass es bei Gott nicht um Ehre und ihr Gegenspiel die Scham, sondern um Würde geht. Würde aber kommt jedem Menschen zu und kann nicht erwirtschaftet, zugeteilt oder vorenthalten werden. Gebete aber, die sich immer noch dieser überkommenen Denkweisen bedienen, setzen damit auch falsche Spuren. Kein Wunder, dass so gefeierte Liturgien wie museale Inszenierungen aus einer fremden Welt anmuten, nicht aber als lebendiger und lebensstiftender Ort.

Um wie viel besser tun da Gebete, denen selbst die Steine und der Wind gut genug sind, um Gott zu suchen, und die uns begreifen machen, dass es letztlich Gott ist, der schon lange nach uns fragt:

Wer Gott sucht
dem wird alles
zur Suche:

    die Steine
    der Wind
    die Schatten
    die Tiere

Manche sagen
sie hätten IHN
schon gefunden

aber meist ist ER
dann eine Erfindung
ein leeres Versprechen

Es bleibt uns zu warten
bis wir den Ruf hören

    Mensch
    wo bist du?

(Wilhelm Bruners)[3]

So wenig also Beten-Lernen damit identifiziert werden kann, Gebete zu kennen und nachzusprechen, so wichtig ist es trotzdem, Texte zu finden, die heute Gefäß für die Sehnsucht der Menschen nach Größerem, nach Gott sind. Wir Menschen artikulieren das, was uns angeht, eben auch in Sprache und drücken im Reden Beziehung aus. Gedichte und Texte säkularer und geistlicher Dichter*innen sind deshalb oft gute Möglichkeiten, den eigenen Empfindungen auf die Spur zu kommen, mich selbst und die Welt vor Gott zu bringen und in aller Ehrlichkeit und Redlichkeit mein Leben in Gottes Gegenwart zu stellen.

Der folgende Text von Andrea Schwarz drückt dies auf ganz eigene und dichte Weise aus und macht deutlich, dass Beten nicht jenseits meines Alltags, sondern in ihm und nicht jenseits meiner Alltagsworte, sondern durch sie stattfindet.

Gott,

hier bin ich –
aber meine Gedanken sind noch
in dem Tag
den ich heute gelebt habe.
Hier bin ich,
Gott,
und möchte so gerne ruhig werden –
aber noch ist Unruhe in mir.
Hier bin ich,
Gott,
und möchte gerne beten –
aber ich finde keine Worte.
Hier bin ich,
Gott,
und möchte auf dich hören –
aber in mir ist noch soviel Lärm. Gott,
hier bin ich mit meinem Tag,
den ich heute gelebt habe,
mit der Unruhe in mir,
mit meiner Sprachlosigkeit,
mit dem Lärm in mir,

der die Ohren taub macht.
Du nimmst mich an,
so wie ich bin.
Gott,
hier bin ich.[4]

„Niemals können wir sagen: dort nicht!" – Beten ist mehr als Liturgie

Damit ist ein weiterer Aspekt des Beten-Lernens und des Gebets insgesamt angesprochen: Beten ist mehr als Liturgie. Und zugleich wissen diejenigen, die das Glück haben, lebendige Gottesdienste zu feiern, wie stärkend eine Liturgie ist, in der das Leben vorkommt, miteinander geteilt und in Gottes Gegenwart gefeiert wird. Ähnlich wie bei der Ausdeutung von Beten und Reden ist es auch bei der Bestimmung von Liturgie und Beten.

Das Kernstück von Liturgie und Gebet ist dasselbe: mitten im Leben gewiss sein, dass Gott es ist, der uns hält und trägt und die ganze Schöpfung umfasst. Zugleich ist die Liturgie ähnlich wie das Reden nur *eine* konkrete Weise, dies betend und feiernd auszudrücken und damit nicht alles, wenn über das Gebet zu sprechen ist. Das ist nicht nur eine wichtige religionssoziologische, sondern auch eine wichtige theologische Unterscheidung. Die Religiosität eines Menschen wurde noch in den 1970er Jahren über die Teilnahme am Gottesdienst und die Praxis kirchlicher Rituale bestimmt. Heute wissen wir, dass Menschen, die sich als religiös und gläubig verstehen, zwar beten, nicht unbedingt aber an kirchlichen Praktiken wie z. B. dem Gottesdienst teilnehmen.

Theologisch ist diese Unterscheidung deshalb so wichtig, weil sie die Vielfalt und Weite des Gebets verdeutlicht.

Würde nur der Gottesdienst Gebet sein, wären wir arm dran. Dann wäre Gebet zum einen nur dort möglich, wo sich eine Gemeinschaft des Betens einfindet. Zum anderen wäre Beten nur dann Gebet, wenn es in tradierten Formen erfolgt, über Mittelungsinstanzen läuft – wie z. B. die Gottesdienstleiter*innen und Priester – und an geweihten Orten praktiziert wird. Es ist zwar unsagbar bereichernd, miteinander stille zu werden, innezuhalten, Gebete zu sprechen, Lieder zu singen, das Brot miteinander zu teilen und den Wein – alleine sich für Gott zu öffnen, mitten in den Unterbrechungen des Lebens nach Gott zu tasten, ohne Worte, wenn der Boden unter den Füßen weggezogen wird oder der Jubel der Dankbarkeit über ein Stück geglücktes Leben mich in Gott hineinwirft, macht aber ebenso Beten aus.

Gerade das tiefe Ringen von Menschen, die in ihrer Todeszelle um Gott gerungen haben wie ein Alfred Delp, beweist dies. Er schreibt aus seiner Zelle an sein Patenkind Luise Oestreicher:

„Innerlich habe ich viel mit dem Herrgott zu tun und zu fragen und dranzugeben. Das eine ist mir so klar und spürbar wie selten: die Welt ist Gottes so voll. Aus allen Poren der Dinge quillt er gleichsam uns entgegen. Wir aber sind oft blind. Wir bleiben in den schönen und in den bösen Stunden hängen und erleben sie nicht durch bis an den Brunnenpunkt, an dem sie aus Gott herausströmen. Das gilt für … alles Schöne und auch für das Elend. In allem will Gott Begegnung feiern und fragt und will die anbetende, hingebende Antwort … Dann wird das Leben frei in der Freiheit, die wir oft gesucht haben."[5]

Weil uns Gott als diejenigen zum Leben gerufen hat, die wir sind, ist er uns überall, zu allen Zeiten und von Du zu

Du gegenwärtig, innen und außen eben, wie dies Gottfried Bachl in einem Gedicht umschreibt:

> Du bist innen und außen,
> oben und unten,
> links und rechts,
> diesseits und jenseits,
> schwer und leicht,
> nah und fern,
> in der Seele und an der Haut.
> Überall können wir von dir sagen:
> hier!
> Niemals können wir sagen:
> dort nicht![6]

Das Beten wird damit unfassbar vielfältig und die Liturgie ist herausgefordert, diese Vielfalt anzuschieben. Dann
könnten unsere Gottesdienste wieder Räume und Zeiten
werden, in denen unser Alltag Platz findet, wir eine Sprache sprechen, die uns angeht, und wir ein Miteinander
pflegen, in dem deutlich wird, dass alle die gleiche Würde
haben und wir untereinander Geschwister sind: Priester
nicht mehr als andere und nicht weniger, der Obdachlose
genauso wie die Bankmanagerin, die Theologieprofesso-
rin genauso wie der Zeitungsverkäufer an der Ecke, der
gerade anfängt, die Gottesfrage zu stellen.

Vom Stille-Werden in Gott – Beten ist Lauschen

Wollte man Beten vom Grund her beschreiben, ohne die
Denkfigur zu bemühen „ja, aber" oder „dies und das", dann

könnte man sagen, dass Beten Lauschen ist. Das mag auf den ersten Blick verwundern, vielleicht auch neugierig machen. Lauschen ist mehr als Hören. In der Playlist- und Ohrenstöpsel-Welt ist Hören so etwas wie eine Dauerbeschäftigung von uns geworden. Irgendwelche Geräusche sind immer zu hören, vom Straßenlärm angefangen bis zum Hintergrundrauschen der Lieblingssongs. Auch das gerichtete Hören ist mit Lauschen nicht gemeint. Lauschen ist nicht einfach dasselbe wie: Ich höre dir zu und achte auf die Worte, die du sagst. Ich höre Nachrichten und bin bei der Vorlesung voll dabei. Lauschen ist ein offenes Hören. Wenn die Meditation beginnt, der Gongschlag verklungen ist, beginnt das Lauschen. Es ist ein Dasein in Gott, das nicht verschläft, was sich tut, sondern für Gottes Du und die Bewegungen in mir drinnen aufmerksam wird. Lauschen ist ein „Horchen", also ein Hören, das alle meine Poren erfasst, etwa so, wie ein Amselgesang plötzlich die morgendliche Stille durchtönt und unwillkürlich alle Aufmerksamkeit auf sich zieht. Das Lauschen will nichts und es kehrt immer wieder ins Lauschen zurück. Es sucht nichts, auch nicht Gott, sondern schafft Raum, um gefunden zu werden von Gott. Von daher kann das Lauschen als Grundbewegung des Betens auch mit dem Stille-Werden in Gott gedeutet werden. Es braucht mich nichts anderes mehr zu rühren. Meine Welt, was mich umtreibt, sorgt oder freut, hat seinen Platz gefunden in Gottes Gegenwart, muss aber nicht von mir gesteuert werden. Die Bewegungen in mir drinnen gehen nicht mehr von mir aus, auch nicht von den Dingen, Aufgaben und Überlegungen, die mich beschäftigen – da wird vielmehr Raum, dass etwas anderes, dass Gott anfangen kann zu sein. Rainer Maria Rilke hat dies in einem Gedicht, geschrieben am 22. September 1899 in Berlin Schmargendorf, zu fassen versucht:

Wenn es nur einmal so ganz stille wäre.
Wenn das Zufällige und Ungefähre
verstummte und das nachbarliche Lachen,
wenn das Geräusch, das meine Sinne machen,
mich nicht so sehr verhinderte am Wachen –:

Dann könnte ich in einem tausendfachen
Gedanken bis an deinen Rand dich denken

und dich besitzen (nur ein Lächeln lang),
um dich an alles Leben zu verschenken
wie einen Dank.[7]

In den Gebetsworten vieler Religionen wird Gott deshalb als „Allerbarmender" (jüdische, christliche und islamische Tradition: rehamim bzw. ar-Rahiem) oder besser übersetzt als „Allerwärmender" angesprochen. In Gottes Gegenwart wird alles heil. Alles Kalte, Verstockte und Verdorrte darf weich werden und wachsen. Anders, als wir das oft praktizieren, geschieht das nicht über Gewalt, über Gepusht-Werden, Annörgeln, „Er-ziehen" oder Bedrängen. Gottes Gegenwart verändert auch – aber so, wie die Sonne kaltes Eis zum Schmelzen bringt und zum fließenden, sprudelnden Wasser werden lässt. In der Spiritualitätsgeschichte wurde zu oft mit Bildern vom Formen und Meißeln gearbeitet, um die innersten Prozesse der Kontemplation zu beschreiben. Erst allmählich lernen wir, dass diese Bilder Gewalt und Verletzungen Tür und Tor geöffnet haben. Auch deshalb beschreibt das Lauschen gut, worum es beim Beten geht: offen zu werden für die leise Einladung Gottes an mich, mich aufzutun für ihn und damit die ganze, gute Welt.

Lauschen

Selten sprichst du
laut. Manchmal
so leise, dass ich

mich frage: Bist du
da, Gott? Ich
erlausche ein Rascheln,

ein Geräusch
oder Kräuseln
wie im Mai.

Bist du hier?
Es regt sich ein Blatt.
Ein Echo ertönt

auf meiner Herzwand.
Wer gibt Antwort?

Es hallt ein Ton.
Es wurzelt ein Wort.
Es raschelt ein Blatt.

(Lisa F. Oesterheld)[8]

Mitten in meinem Gedankenwirrwarr –
Beten mit allen Sinnen und in allen Situationen

Ist Beten also ein Lauschen, wie Gott in mir und ich in
ihm bin, dann ist mein ganzes Leben Weise des Betens.
Beten ist nicht mehr abgesondert von mir und davon, wie
ich lebe, sondern mittendrin. Beten ist Alltag und Alltag ist Gebet.

Mitten im Alltag
   mir eine Auszeit nehmen
   einmal eine Pause einlegen
   Arbeit Arbeit sein lassen

Mitten in meiner Unruhe
   zur Ruhe kommen
   ausruhen
   für einige Augenblicke Stille genießen

Mitten in meinem Gedankenwirrwarr
   Gedanken kommen und gehen lassen
   den Kopf frei bekommen
   nachdenken

Mitten in meiner Atemlosigkeit
   tief durchatmen
   mich spüren
   wieder Boden gewinnen

Mittendrin
   zur Mitte finden
   meine Gedanken sammeln
   und neu beginnen

(Elisabeth Wöhrle sf)

In der Spiritualitätsgeschichte wurde dies auf unterschiedliche Weise ausbuchstabiert: in Überlegungen, welche Sinne und Vermögen in mir beten und welche Situationen für das Gebet taugen.

Alle Sinne des Menschen, wie das Denken und Spüren, das Sprechen und Schweigen, mein Leib und mein Geist, sind Verwirklichungsweisen des Gebets. Das ist eine wichtige Weitung des Gebetsverständnisses, die uns im Grunde schon seit den Wüstenmüttern und -vätern begleitet. Geprägt von den Denkweisen der griechischen, syrischen und ägyptischen Welt, war ihnen klar, dass alle Vermögen des Menschen eine ganz eigene und unvertretbare Weise darstellen, nach Gott zu tasten.[9]

Der Intellekt (nous) sucht Gott durch das redliche Fragen, das Hin- und Hererwägen von Gedanken, den Zweifel und das Finden des je besseren Arguments. Wie wichtig der Intellekt beim Beten ist, entdecken wir gerade heute, wenn in bestimmten christlichen Strömungen und Spiritualitäten das Nachdenken als Gefahr für den Glauben ausgelegt und ein „blinder Gehorsam", der den Verstand suspendiert, als Unterdrückungsinstrument missbraucht wird. Wie aber könnte etwas vom Kostbarsten im Menschen, nämlich seine Vernunft, keine Quelle sein, nach Gott zu fragen und ihn auf redliche Weise zu suchen? Gerade das Theologiestudium ist eine lebendige Möglichkeit, schon lange bohrende Fragen endlich beantworten oder neu stellen zu lernen. Das macht frei und treibt an, noch tiefer nach Gott zu suchen.

Der emotionale Teil in uns (thymos) findet im Empfinden und Spüren Gott. Eines der ersten Gebete, die uns von Franziskus überliefert sind, rehabilitiert gerade die Emotionen als vorzüglichen Weg der Gottsuche. Im San-Damiano-Gebet heißt es: „Gib mir das rechte Empfinden und Erkennen, damit ich deinen heiligen Auftrag erfülle, den Du mir in Wahrheit gegeben hast" (GebKr, FQ 13). Oft ist es das sog. Bauchgefühl, das uns signalisiert, ob wir einen Menschen sympathisch finden oder nicht, ob wir uns auf ein Angebot einlassen sollen oder den Job, auch wenn er uns als gute Chance erscheint, doch nicht antreten. Die Wüstenmütter und -väter verorteten in den Emotionen wichtige Grundbefindlichkeiten des Menschen. Werden sie gestört, dann überfallen uns Traurigkeit, Zorn oder die Akedia, die so etwas ist wie eine Stimmung, die uns an nichts mehr Geschmack finden lässt und alles als trost- und aussichtslos grundiert.

Der dritte Teil in uns, der sog. begehrliche (die epithymia), steht bei den Wüstenmüttern und -vätern für die Grundfunktionen des Menschen. Da geht es um Essen, Sexualität und das Haben(-wollen). Genießen können ist die Grundbotschaft dieser menschlichen Kräfte. Damit taten sich aber Kirche und Theologie lange schwer. Wir wissen heute, dass beide Instanzen eine verheerende Verdrängungsgeschichte bezüglich des Genießens hinter sich haben, in der alles, was mit dem Körper zu tun hat, in eine dunkle, ja dämonische Ecke gerückt wurde. Eine der Ursachen für die erschreckenden Missbrauchsfälle, die gerade erst ans Tageslicht kommen, liegt wohl auch in diesen Verteufelungen, die verhinderten, eine gesunde Einstellung zu Körperlichkeit und Sexualität zu entwickeln. Anders könnte es laufen, wenn man ernst nimmt, dass wir Menschen nicht nur in unserem Intellekt und unseren Empfindungen von Gott geschaffen und gut geschaffen sind. Die Grundfunktionen unseres Menschseins sind Grundaussagen über uns Menschen und also auch Aktualisierungsformen des Betens. Damit ist nicht den Fressern und Säufern das Wort geredet – auch wenn diese mit Jesus nicht in schlechtester Gesellschaft wären (vgl. Mt 11,19) – noch den luxus- oder sexsüchtigen Hallodris dieser Welt. Es geht darum, ein Mensch zu werden, der genießen kann. Damit ist eine Grunddankbarkeit gemeint für das, was mir im Leben geschenkt wird, was ich empfangen darf, einfach so, gratis eben. Die Dinge meines Lebens zu genießen, mich an den Menschen zu freuen, die meinen Alltag ausmachen, spiegelt auf ganz eigene und dichte Weise die Zusage Gottes wider, nämlich das: „Ich will, dass du bist."[10]

Diese Grunddankbarkeit auszudrücken ist so vielfältig wie unsere menschlichen Basisfunktionen eben auch: Mit meinem Leib zu beten, ja meinen Leib als Ort der Gottesbegegnung zu feiern, wie das schon der Erste Korintherbrief formuliert, wenn er uns als Tempel Gottes bezeichnet (vgl. 1 Kor 3,16), ist eine Weise, wie das geschehen kann. Eine andere ist es, auf gesundes Essen zu achten, freie Zeiten in den Tag, die Woche und das Jahr einzubauen und mir Erholung zu gönnen. Schöne Dinge zu unternehmen und immer wieder zu spüren: So ist Gott – als ein von Herzen Schenkender und Freigebiger verändert er nicht nur den Einzelnen, sondern hebt auch die Welt, in der wir leben, in ein neues Licht.

Genügt dir ein Röcheln? – In Glück und Gebrochenheiten nach Gott tasten

Damit sind auch alle Situationen meines Lebens Anlass und Ausdruck des Betens. Das entlastet und weitet das Gebet, soll im Folgenden aber noch etwas näher entfaltet werden; denn so richtig es sich anfühlt, dass unsere glücklichen Momente mit Gott zu tun haben, so sehr drückt die

Frage, wie es ist, wenn uns der Schmerz überrollt und das Scheitern quält.

In uns Menschen ist die Empfindung tief verwurzelt, die später als Do-ut-des-Prinzip beschrieben wurde bzw. als Tun-Ergehen-Zusammenhang. Die Übersetzung davon lautet: Wie du mir, so ich dir – also: Will ich etwas Gutes bekommen, muss ich dir zuvor etwas Gutes tun. Oder die verheerendere Variante davon: Widerfährt mir Schlimmes, muss ich zuvor Schlimmes angestellt haben.

Diese Denkungsweisen haben katastrophale gesellschaftliche und individuell-biographische Mechanismen losgetreten. Bis heute spukt in sozialpolitischen Entscheidungen der Leitsatz, dass diejenigen, die jetzt obdachlos sind, alkoholkrank, mit einer Sucht zu kämpfen haben, im sozialen Brennpunkt leben, tödliche Fluchtrouten auf sich nehmen, irgendwie selbst daran schuld sind. Vielleicht bekommen sie wegen unserer Großzügigkeit einen Obolus. Wirksame Hilfen aber, die ihnen in ihrem Elend helfen könnten, lösen heftige gesellschaftliche Debatten aus, stürzen Regierungen in Koalitionskrisen und werden höchstens auf irgendwelche Kompromisse zurechtgestutzt (s. Europapolitik zu Migrationsfragen).

Es scheint ein Ur-Reflex zu sein, wenn uns das Leid überfällt, zu fragen, wer daran schuld ist. Für religiös empfindende Menschen liegt es nahe, dann Gott ins Spiel zu bringen. Ist es Gott, der mir dieses Leid zufügt? Habe ich zuvor etwas getan, das diese Gottesstrafe rechtfertigt? Hat mich in aller Not nun auch Gott verlassen? Diese Fragen sind nicht ausgestorben und sie haben mindestens seit dem Todesschrei Jesu „Mein Gott, mein Gott, warum hast du mich verlassen?" (Mk 14,34) ihr unaufhebbares theologisches Recht bekommen. Die Theodizee-Frage, die damit angesprochen ist, ist nicht einfach wegzureden. Trotz aller denkerischen Bemühungen, die sie notwendigerweise auslöst und die in der Philosophie- und Theologiegeschichte auf unterschiedliche Weise zu befrieden versucht wurde, darf sie auch heute nicht beruhigt werden. Das Leid, die Frage, woher es kommt, ob auch Gott dahintersteckt, warum er es nicht verhindert und ob das Leid sogar Indiz ist, dass Gott uns verlassen hat – all diese unauslöschlichen Fragen gehören zum Beten, vielleicht sogar bis zu jener Konsequenz, die Robert Gernhardt gezogen hat, der nicht zuletzt angesichts seiner Krebserkrankung immer mehr verzweifelte:

Von Fall zu Fall

Herrgott! Ich fiel aus deiner Hand
Grad in den Teufels Krallen.
Doch hör! Der kleine Unterschied
ist mir nicht aufgefallen.[11]

Nun gibt es sogar biblische Varianten, die uns selbst die Ursache für unser Scheitern und Leiden zuschreiben. Die Freunde Ijobs, nämlich Elifas, Bildad, Zofar und dann auch Elihu, werden nicht müde, immer neue Überlegungen darüber anzustellen, was Ijob verbrochen haben könnte, dass Gott ihn jetzt so straft. Im Buch Ijob ist es dann Gott selbst, der im Wettersturm auftritt und diese Theologien als abwegig, ja Menschen und Gott verachtend entlarvt (vgl. Ijob 38–41). Die Gleichung Leid = Reaktion Gottes auf menschliche Untaten ist genauso desaströs und falsch wie die Gleichung Leid ist Ausdruck dafür, dass

Gott mit dem Menschen nichts mehr zu tun haben will, oder schlimmer noch: dass Gott im Leid und in der Trostlosigkeit nicht zu finden ist. Zur gesellschaftlichen Isolation, die über die Gescheiterten, Kranken und Leidenden verhängt wird, kommt dann auch noch die religiöse. Über viele Jahrhunderte musste man in Predigten hören, dass Gott mit den Verlorenen nichts zu tun haben will – und damit auch die Kirche nicht, die Theologie nicht und das Gebet nicht. Wie es so weit kommen konnte, obwohl Jesus das Gegenteil einer solchen Theologie vorlebte und am eigenen Leib das Gegenteil eines solchen Gottdenkens bewies, ist wohl nur über die Verwechslung des Evangeliums mit Macht- und Herrschaftsfragen zu erklären. Fakt ist, dass es lange dauerte und immer wieder neu verdeutlicht werden muss, dass die Gebrechlichkeiten unseres Lebens genauso Ort Gottes sind wie unsere glücklichen Momente.

Franziskus war in einer solchen Theologie und Kirche groß geworden, die nur dem Schönen und Herrschaftlichen zutraute, Gott widerzuspiegeln. Durch die Begegnung mit dem Aussätzigen 1205 lernte er dann nicht nur, wie selbst im entstellten Gesicht des anderen ein unantastbares Geheimnis aufstrahlt, sondern dass Gott sich ganz auf die Seite der Armen gestellt hat und gerade bei ihnen zu finden ist. Das veränderte ihn, und das sollte auch die Kirche und die Theologie umkrempeln. Für uns gehört es zum Schönsten des christlichen Gottesverständnisses, an einen Gott zu glauben, der sich nicht aus den Widrigkeiten unseres Lebens davonstiehlt. Das Schlimme und Schreckliche, das in der Jesus-Geschichte im Kreuz seine Verdichtung erfährt, werden nicht zum Wider-Ort Gottes, an dem Gott nicht gefunden werden kann. Das Kreuz Jesu ist vielmehr Zusage, dass Gott auch diese Düsternisse kennt, sich zu eigen gemacht und – und das ist das Befreiende – in das Leben hineinverwandelt hat. So viel es schon ist, glauben zu dürfen, dass auch die Zeiten des Scheiterns und Leidens keine sinnlose und leere Lebenszeit zu sein brauchen, so erlösend ist es, hoffen zu dürfen, dass Gott sie ins Leben hineinretten wird.

Damit aber haben alle Do-ut-des-Prinzipien dieser Welt ihre theologische Berechtigung verloren. Ich muss mir meine Würde nicht mehr verdienen, erwirtschaften, erleisten. Was mir Würde gibt und was ich brauche, um würdevoll zu leben, das wird mir geschenkt werden, und zwar voll, übervoll sogar.

Für das Gebet heißt das: Selbst dann, wenn mir das Leid den Atem verschlägt und ich vor Gott verstumme, wenn mich meine Armseligkeit verzweifeln lässt und kein Ausweg mehr vor Augen steht, ist es Gott, der bei mir aushält und da ist und gegenwärtig ist. Das verändert nicht gleich eine schlimme Situation, aber das hilft, Atemzug für Atemzug weiterzuleben und die Wendung zum Leben, leise zwar, aber doch merklich zu wagen. Unübertreffbar dicht beschreibt dies Gottfried Bachl in folgendem Gebet:

Rechnest du
unsere Gebete zusammen
in deinem Buch?
Oder
genügt dir ein Röcheln?
Oder
brauchst du uns nur zu
sehen?[12]

31

„Nun sind wir vollgebetet" – Vom Klagen, Danken, Bitten und Jubeln

Sind sowohl meine gebrochenen, leeren und düsteren Zeiten als auch die vollen, geglückten und leichten Momente Orte, an denen mich Gott findet, dann kennt auch das Beten viele Facetten. Das wohl erfahrungsgesättigste Gebetbuch ist das Psalmenbuch der Bibel. Wir teilen es mit den jüdischen Schwestern und Brüdern und mit allen, die die tiefen Fragen des Lebens nicht loslassen. Auch wenn die Psalmen im Hebräischen Tehillim heißen, also als Preisungen bezeichnet werden, und ihren Namen von griech. Psalmos haben, das übersetzt werden kann mit „dem zum Saitenspiel erklingenden Sprechgesang", machen die Klage- und Bittpsalmen den größten Teil der 150 Psalmen aus. Es scheint eine menschliche Ur-Erfahrung zu sein, dass gerade die erfahrene Krise dazu treibt, über den eigenen Horizont hinaus zu fragen und sich von dort Antwort zu erhoffen. Wir halten dies für eine wichtige Aussage. Gerade neuere spirituelle Jugendbewegungen in der katholischen Kirche scheinen nur noch den „Lobpreis" oder die „Anbetung", das „Nightfever" und nicht den banalen Alltag als Formen des Betens anzuerkennen. Sie transportieren – mehr oder weniger direkt – damit auch die Botschaft, dass das Leid und das Scheitern nicht gebetswürdig sind – vielleicht aus den Tun-Ergehens-Zusammenhangsgründen, die oben beschrieben wurden, vielleicht aber auch, weil das Leid eine der schärfsten Anfragen an einen Gottesglauben ist, der sich im Esoterischen und Ästhetischen verliert. Damit aber sind die Menschen gezwungen, einen Großteil ihres Lebens, noch dazu einen besonders schweren, aus dem Beten auszuklammern. Ähnlich wie in einer Freundschaft kann das nicht lange gut gehen. Wo ich eine meiner Kostbarkeiten (z. B. den Verstand) ausklammern muss, um die Beziehung nicht zu gefährden, oder wichtige schmerzliche Erfahrungen nicht einbringen darf, geht etwas kaputt: die Freundschaft oder schlimmstenfalls die Menschen selbst. In der jüdisch-christlichen Gebetstradition dagegen – und die islamische kennt das auch – werden wir eingeladen, gerade das Unverstehbare, Nicht-Auszuhaltende vor Gott zu bringen. Das ist nicht nur aus therapeutischen Gründen gut, um eine erste Distanz zur überwältigenden Not zu setzen. Zu klagen, zu bitten, vor Not zu schreien – wo jemand das tun kann, ohne diskreditiert zu werden, da muss großes Vertrauen sein. Und zu diesem lädt uns Gott ein, wenn er uns ermutigt, unsere Klage vor ihn zu bringen.

Viele Gottsucher*innen, ob sie sich religiös verstehen oder nicht, wurden nicht müde, Gott gerade das Leid entgegenzuschreien und sich von ihm – leise zumindest – eine Antwort zu erhoffen:

Nun sind wir vollgebetet
und leergeredet,
und alles Reden
hat dir gegolten.
Wir wissen nicht,
wo das Wort fliegt,
ob du es fängst in deinem Ohr,
ob es der Wind schluckt.
Wir warten darauf,
daß du irgendwann einmal
antwortest.

(Gottfried Bachl)[13]

Bevor wir im nächsten Punkt nochmals ausführlicher auf eine Variante der Klage, nämlich das Bittgebet, eingehen, möchten wir hier das Danken noch eigens gewichten. Danke zu sagen ist eine selbstverständliche Alltagsgeste. Zugleich ist die Dankbarkeit und das Zur-Sprache-Bringen des Danks im Gebet etwas sehr Tiefes und Besonderes. Michel de Certeau (1925–1986), der französische Jesuit und Kulturphilosoph, spricht einmal davon, dass die Dankbarkeit die Aufmerksamkeit des Herzens sei, den zerstörerischen Kräften Einhalt zu gebieten. Dieser Erfahrung lohnt es, genauer nachzugehen: Wer kennt sie nicht, die Nach-Blenden nach Begegnungen, Arbeits-Briefings oder alltäglichen Abläufe, die einen eigenartigen Nachgeschmack hinterlassen. Da fängt es dann an zu rumoren: Warum wurde eigentlich nicht mir, sondern einem anderen diese attraktive Aufgabe übertragen? Warum wird immer mir zugemutet, mit dem Wust an Aufgaben zurechtzukommen und dazu noch weitere Jobs zu übernehmen? Warum habe ich die Idee, und der andere fährt die Lorbeeren dafür ein? Warum schustern sich die Männer die guten Jobs zu und wir Frauen stehen blöd daneben?

Die Liste könnte wohl unendlich lange weitergeschrieben werden. In all dem interessiert hier vor allem die Beobachtung, dass Vorgänge und Begegnungen oft erst im Nachgang vor unserem inneren Auge bewertet werden. Erst mit etwas Distanz steigen Empfindungen in uns auf, wie etwas „wirklich" war und sich anfühlt. Oft merken wir dann zu Recht, dass etwas schiefgelaufen ist und korrigiert werden muss. Manchmal ist dies aber auch das Einfallstor für Bitterkeiten, die zerstörerisch wirken. Wie anders steht es da um die Dankbarkeit. Damit ist nicht einer

Haltung das Wort geredet, die aus Angst vor Konflikten die Dinge schönredet und Unrecht übertüncht. Die Dankbarkeit ist die Aufmerksamkeit, die den Blick für das Gute wachhält, das mir geschenkt wurde, für das Glück, das ich hatte, für die glücklichen Umstände, die meinen Alltag ausmachen – trotz allem. Die Dankbarkeit ist so etwas wie ein innerer Seismograph, der die lebensspendenden Momente aufspürt, auch wenn wir gewohnt sind, schwierigen Kleinigkeiten mehr Bedeutung zuzumessen als dem großen guten Ganzen. Eine solche Dankbarkeit kann dann auch zur Lebensquelle werden. Sie ist nicht zu verwechseln mit den inneren Alibis, die wir uns zugestehen, um doch nicht über unsere Komfortzone hinauswachsen zu müssen. Dankbarkeit ist vielmehr ein Suchlicht für das Gute – und nur davon können wir leben.

Zu danken heißt dann beim Gebet, mir gewiss zu werden, dass in meinem Leben, ja in mir so viel Gutes wohnt, dass ich allen Grund habe, glücklich zu sein. Wer sich so beschenkt weiß, der kann vielleicht auch die unwegsamen Lebensstrecken besser bestehen, selbst wenn es noch viel zu üben gilt:

Ich übe noch

Jedem Morgen begegnen mit sanftem Mut,
den das Leben braucht, um zu wachsen,
ich übe noch.
In jedem Auge die Seele sehen,
durch alle Masken hindurch und ihr trauen,
ich übe noch.
Hinter allen Ängsten Wahrheiten finden,
mir selber glauben,
ich übe noch.

In tiefem Staunen die Schönheit atmen
des Augenblicks und des Lebens selbst,
ich übe noch.
Durch alle Narben hindurch das Glück spüren,
den Wandel erlauben, immer neu,
ich übe noch.
Sein, ohne zu fragen, im Fluss des Lebens
Und alles Lebendige schützen ohne Wenn und Aber,
ich übe noch.
Den Lebensdank groß werden lassen
Und spürbar und bunt, um gehen zu können,
jederzeit,
ich übe noch.
Lieben im Pulsschlag der Zeit wider alle
Vernunft
mit aller Hingabe,
ich übe noch.

(Sabine Rachl)[14]

„Die Hände sind zu kurz, um dein Herz zu fassen" – Von der Not und dem Segen des (Bitt-)Gebets

Besser als viele bisher gelesene Bücher drückt für uns ein Gedicht von Gottfried Bachl das Schreien nach Gott in der Not aus und die Hoffnung, dass Gott hilft, das Schlimme wendet und den Weg zum Leben wieder freischaufelt.

Im Tunnel
der Trauer
greifen wir nach dir,
und die Hände

sind zu kurz,
um dein Herz zu fassen,
das rund um uns
schlägt.[15]

Da schreit ein Mensch, für den die Trauer so groß geworden ist, dass nur noch der Tunnelblick der Trauer bleibt. Nichts ist mehr vernehmbar, kein Du, das da ist und aushält, keine Erinnerung, wie das Leben in guten Zeiten schmeckt. Auch das Tasten nach Gott greift ins Leere. Gottes Herz ist nicht zu erfassen. Wie viele Erfahrungen hören hier auf – und hören zu Recht hier auf. Gott hat sich entzogen, ist gerade in den schwersten Zeiten nicht zu denken, geschweige denn zu spüren – nichts. In diesen Gedichtzeilen wird die Not des Menschen ernst genommen und von der Erfahrung der Gottverlassenheit erzählt, die auch den Gottsucher*innen nicht erspart bleibt. Keine Beschwichtigungen, kein Kleinreden von Problemen, keine Antwortversuche nach dem Motto „Das hat schon alles einen Sinn", „Das wird sich erst im Nachhinein zeigen, wofür dieses Desaster gut war". Die Hände sind zu kurz, um Gottes Herz zu erfassen. Die Instrumente unseres Handelns versagen, da geht nichts mehr weiter.

In Bachls Gedicht wird diese Erfahrung auf ganz eigene Weise in neue Horizonte gestellt. Es kommt zu einer unerwarteten Wendung, etwas Ungesehenem und Unerhörtem: Die Hände können Gottes Herz nicht ergreifen, weil es um uns gehüllt ist, weil wir im Innersten des Herzens Gottes wohnen, Gott so nah ist, dass die Hände zu klein sind, um das ersehnte Du zu ertasten. Die Erfahrung der Verlassenheit wird durchbrochen durch den unerwarteten Gedanken, dass unsere Gottferne nochmals eingebettet ist in das Innerste Gottes, in sein Herz, und damit die Erfahrung, dass Gott da ist – herznah sogar.

Damit werden viele Überlegungen, die zurzeit in der Theologie über das (Bitt-)Gebet angestellt werden, gebündelt und zugleich von einer eher ungewohnten Perspektive her beleuchtet. Näher besehen, kommen im Bittgebet viele Fragen zusammen, die die Fundamente des Menschseins und damit auch der Theologie insgesamt angehen, wie: Hat es überhaupt einen Sinn, Gott um etwas zu bitten? Zeigen die Erfahrungen von Beter*innen aller Zeiten nicht vielmehr, dass sie leer ausgegangen sind, nichts passiert ist, die Not nicht gewendet wurde? Hat nicht gerade Auschwitz als Chiffre für das unsägliche Leid, das den Jüdinnen und Juden und den andern von der Rassenideologie der Nazis Entwürdigten angetan wurde, erfahren lassen, dass Gott schweigt, selbst das schlimmste Unrecht an Unschuldigen nicht zu verhindern weiß? Ist Gott dann überhaupt ein Allmächtiger? Hat er überhaupt die Fähigkeit, in die Läufe unserer Welt einzugreifen, wenn nicht überall und immer, so doch zumindest dann, wenn Übles passiert? Was aber wäre das für ein Gott, der Böses nicht verhindern kann oder will? Verdient er dann überhaupt diesen Namen oder ist er eher ein Gedankengespinst für gute Zeiten? Und andersherum gefragt und anthropologisch zugespitzt: Wenn Gott die Macht hat, einzugreifen in das, was Menschen tun, nimmt er dann unsere Freiheit genügend ernst? Können wir zwar frei handeln und entscheiden in einem bestimmten Maß und Setting – wenn es aber darauf ankommt, dann ist es Gott, der die Dinge zurechtbiegt? Heißt das letztlich, dass alles vorherbestimmt ist und wir Menschen höchstens Spielfiguren sind, die von Gott hin und her geschoben werden, während wir uns in der Vorstellung ergehen, selbst die Agierenden zu sein?

Diese Fragen können noch lange weitergeschrieben werden. Sie alle zeigen, dass es im Bittgebet sowohl um die Frage der Unverfügbarkeit und doch Nähe Gottes geht als auch um das Geheimnis der Freiheit, das uns Menschen zutiefst ausmacht. Und genau in diesem Brennpunkt, in dem sowohl die Frage nach Gott als auch nach uns Menschen gestellt wird, wohnt das Bittgebet. Ob das Bittgebet lohnt, selbst wenn wir nicht erhört werden, hat deshalb Menschen seit allen Zeiten umgetrieben und ganz unterschiedliche „Lösungen" finden lassen. Eine der für uns schönsten ist im Gedicht von Gottfried Bachl formuliert, der sehr behutsam aufzeigt, dass Gott trotzdem nah ist, anders zwar als erhofft und „gebraucht", aber da. Auch theologische Ansätze von prozesstheologischen Theolog*innen und Vertreter*innen eines weiterentwickelten Theismus können hier weiterhelfen. In ihren Ausführungen verdeutlichen sie, dass Gott zwar immer auch der Andere bleibt, der Absolute, das Prinzip des Universums und von uns Menschen. Sie zeigen Gott aber auch als ansprechbares Du, der sich freiwillig, ungezwungen, aus Liebe auf uns und unsere Geschichte eingelassen hat und sich von unseren Alltäglichkeiten verändern lässt (Saskia Wendel). Und wenn schon unser Alltag seit der Menschwerdung Gottes unbedingt und bedingungslos in Gott hineinwächst, um wie viel mehr dann die Spitzen unserer Existenz – das Leid genauso wie die Freude, der Jubel und der Dank.

Vielleicht so, wie Kurt Marti, der Schweizer Pfarrer und Dichter (1921–2017), in einer ganz ähnlichen Spur wie Bachl dichtet:

großer gott klein

großer gott:
uns näher
als haut
oder halsschlagader
kleiner
als herzmuskel
zwerchfell oft:
zu nahe
zu klein –
wozu
dich suchen?

wir:
deine verstecke[16]

Oder auch wie der einstige Tübinger Alttestamentler Fridolin Stier (1902–1981) in einer Tagebuchaufzeichnung nach dem von ihm nie verkrafteten Unfalltod seiner Tochter notiert:

> Geliebt werden will, der selber der Liebende ist – Liebe um Liebe, „denn er hat uns zuerst geliebt" (1 Joh 4,19). Verlangt es ihn also nach meiner Liebe, begehrt er sie, braucht er sie gar?

> Wenn es so um ihn stünde, daß er meiner Liebe bedürfte, es würde mir weich ums Herz, und ich könnte ihm meine Liebe nicht verweigern, so wie ein Bach aus dem Berg quölle sie aus einem Herzen hervor, das unter dem Druck und Donner des Großen Gebotes zu Stein erstarrt war.

Dann spräche ich in Liebe zu dir, vertrauend – vertraut, wie von Herz zu Herz fragte ich dich, nicht mehr empört, aber betrübt, ratlos, erschüttert von all dem Lebens- und Todesweh deiner Kreaturen, deiner geliebten Kreaturen, fragte ich dich: Wie ist dein Lieben zu denken, wenn es aussieht wie Haß? … Das Herz kann im Dunkeln ausharren, das Denken aber, das *wissen* will, braucht Licht! …"[17]

Geschmacklose Zeiten – Von der Leere im Gebet

Ein anderer wichtiger Aspekt im weiten Panorama des Gebets sind die Zeiten des Gebets, in denen nichts mehr geht. Die Spiritualitätsgeschichte ist voll von Erfahrungen, dass Gott im Leben verlorengeht und nichts mehr bleibt – nur noch ein fader Geschmack der Leere. Beten wird langweilig, interessiert nicht mehr, ja fällt zur Last. Jedes Alibi ist gut genug, um dem Gebet zu entkommen, die Meditationszeiten zu verkürzen und sich der inneren Leere nicht stellen zu müssen. Hier lohnt es, einen genaueren Blick auf diese Leere zu werfen und ihre tieferen Botschaften zu entschlüsseln.

Das Vielerlei macht leer

Wer kennt das nicht? Vom Vielerlei zerstreut, hierhin und dorthin getrieben und mit langen To-do-Listen befrachtet, wird es auch beim Beten nicht still. In der Meditation dreht sich das Karussell der Gedanken weiter. Es werden Lösungen entwickelt, wie Aufgaben möglichst effizient erledigt werden können, und offene Rechnungen durchgegangen. Hier gibt es im Grunde keinen Raum, um ins Innere zu kommen, geschweige denn, dort zu verweilen. Ja, noch schärfer: Das Innere wird zum unbekannten und auch langweiligen Ort. Das stille Dasitzen ist angesichts des drängenden Terminkalenders kaum mehr auszuhalten, in dem jede Stunde durchgetaktet und mit unbedingt zu erledigenden Aufgaben angefüllt ist. Die Gründe, warum es lohnt, dennoch stille zu bleiben, nicht aufzustehen und an den Schreibtisch zurückzukehren, werden immer schaler – noch dazu, weil auch das Gebet keinen „Ertrag" zu bringen scheint. So alltäglich diese Erfahrung ist, so schwer ist ihr beizukommen. Die Aufgaben sind nicht einfach wegzureden und das Stille-Werden beim Beten lässt sich nicht programmieren oder automatisieren, auch wenn Übung hilft. Ein erster und entscheidender Schritt ist, sich dieser Vorgänge bewusst zu werden. Zum einen hilft es, den Druck wahrzunehmen, der durch die zeitliche Belastung entsteht und sich auch auf die Gebetszeiten auswirkt. Zum anderen ist es wichtig, die Gedankenspiralen zu identifizieren, die sich in der Meditation immer schneller drehen. Das braucht Entschiedenheit, also das bewusste Wollen, dem auf den Grund zu gehen, was hier gerade passiert. Das benötigt aber auch eine Behutsamkeit, die nicht verurteilt, was sich da an Gedanken aufhäuft. Und das löst eine Gelassenheit und einen Trost aus, der schmunzelnd auch das Überraschende wahrnimmt, die Gedanken einsammelt und zurückholt in die Gegenwart Gottes.

In einem Gebet, das Franz von Sales (1567–1626) zugeschrieben wird, wird diese Bewegung von Entschiedenheit – Behutsamkeit – und gelassenem Trost meisterlich verdichtet:

Wenn dein Herz wandert oder leidet,
bring es behutsam an seinen Platz zurück
und versetze es sanft in die Gegenwart deines Herrn.
Und selbst wenn du in deinem Leben
nichts anderes getan hast
als dein Herz
zurückzubringen
und wieder in die Gegenwart unseres Herrn zu verset-
zen,
obwohl es dir jedes Mal wieder fortlief,
nachdem du es zurückgeholt hattest,
dann hast du dein Leben
wohl erfüllt.

Die Langeweile – eine Markierung für Übergänge und Neuanfänge

Langeweile beim Beten kennt aber noch andere Wurzeln. Bei kontemplativen Exerzitien, in denen mehrere Stunden am Tag für das schweigende Dasitzen vorgesehen sind, stellt sich nach einer Phase des Ankommens, in der die Gedanken langsam versickern, oft eine endlose Langeweile ein. Da gibt es im Inneren keine aktiven Bewegungen mehr. Da treiben weder Sorgen noch Freudensprünge über die geschenkte Zeit der Exerzitien um. Da verklingen Bilder, Begegnungen und Überlegungen. Der äußeren Stille folgt ein inneres Stillwerden und dann eben nicht, wie erhofft, das tiefe Empfinden der Verbundenheit mit Gott, sondern eine anödende Leere. Es ist langweilig, sich zur Meditation hinzusetzen, die Zeit vergeht nicht und selbst die Taktung von 30 Minuten Meditationszeit scheint sich endlos lange hinzuziehen, bis der ersehnte Gong ertönt, der die Meditationszeit beendet. Diese Brachzeiten sind nur schwer auszuhalten. Die französische Dichterin und geistliche Autorin Marie Noël (1883–1967) deutet diese Erfahrung so: „Mein Gott, ich langweile mich mit dir. Vielleicht glaube ich nicht einmal an dich." Die Langeweile lässt erleben, dass Gott nicht greifbar, nicht vernehmbar, abwesend, ja a-pathisch ist. Im Grunde bleibt hier nur das Weglaufen – so die erste, sehr verstehbare Reaktion. Liest man die Wüstenmütter und -väter, warten diese mit einem anderen Rat auf. Gerade denjenigen, die in der Wüste Syriens und Ägyptens von der äußeren und inneren Ödnis geplagt sind und weglaufen wollen, raten sie: Bleib in deiner Zelle! Für heute übersetzt könnte dies heißen: Lauf nicht weg, sondern bleibe und warte zu! Das ist kein anschmiegsamer Rat, sondern ziemlich harte Kost, wenn die Stunden nicht vergehen und die Langeweile anfängt, sich auch in körperlichen Schmerzen zu äußern. Manchmal ist es ratsam, dann wirklich zu unterbrechen, aufzuhören, denn die Echtheit des Gebets bemisst sich nicht am ausgehaltenen Schmerz. Oft ist es aber so, dass sich in der erfahrenen Langeweile eine tiefere Botschaft verbirgt, dass da etwas wachsen will, das Zeit braucht. Manchmal ist die Langeweile Anzeichen dafür, dass sich etwas umbricht und etwas zum Vorschein bringt, was vorher so nicht da war. Dieses Neue sieht man noch nicht – deshalb muten diese Zeiten oft so sinnlos an. Und man fühlt es auch nicht. Und trotzdem beginnt etwas, das eine neue Lebensphase einläutet und eine neue Intensität der Gottbeziehung auftut. Biblische Texte gerade aus der Exilszeit (586–539 v. Chr.) sprechen oft von diesen Erfahrungen. Der Prophetenschule, die im sog. Deuterojesaja (Jes 40–55) zusammengefasst ist, geht der Mund davon über:

„Denkt nicht mehr an das, was früher war; auf das, was vergangen ist, sollt ihr nicht achten. Seht her, nun mache ich etwas Neues. Schon kommt es zum Vorschein, merkt ihr es nicht? Ja, ich lege einen Weg an durch die Steppe und Straßen durch die Wüste. Die wilden Tiere werden mich preisen, die Schakale und Strauße, denn ich lasse in der Steppe Wasser fließen und Ströme in der Wüste, um mein Volk, mein erwähltes, zu tränken. Das Volk, das ich mir erschaffen habe, wird meinen Ruhm verkünden" (Jes 43,18–21).

Das Alte ist nicht mehr greifbar, aber auch das neue Ufer, zu dem man unterwegs ist, ist noch lange nicht erreicht. Es tut sich vielmehr ein Zwischenraum auf, in dem vieles verschwimmt, was bislang sicher schien und in dem die neuen Ordnungen noch nicht gelten. Chaos aber ist schwer auszuhalten, auch wenn es den Anfang der Kreativität markiert. Im Gebet ist das nicht anders. Der Rat der Wüstenmütter und -väter, in der Zelle zu bleiben, die Langeweile auszuhalten und Gott zu trauen, dass wir auch in der Ödnis nicht verlorengehen, ist hier eine rettende Hilfe. Letztlich bleiben nur das Vertrauen und Hoffen, dass sich die Erfahrung des Deuterojesaja nicht nur für Israel bewahrheitete, sondern auch im eigenen Leben gilt: dass Gott in der Steppe Wasser fließen lässt, ja sogar Ströme, um das ausgetrocknete und verdorrte Herz zu tränken (vgl. Jes 41,17–20).

Geschmacklosigkeit – Anzeichen für einbetonierte Gespenster

Abschließend sei noch auf eine dritte Wurzel der Leere eingegangen. Bei manchen Menschen scheint die Leere nicht mehr zu vergehen. Sosehr sie auch aushalten und nicht davonlaufen, nimmt die Leere kein Ende und die Geschmacklosigkeit wird immer bedrängender. In Begleitungsprozessen kann dies ein Indiz sein, dass nun eine therapeutische Hilfe ansteht, die auch therapeutische Professionalität verlangt, die selbst erfahrene geistliche Begleiter*innen nicht mehr leisten können. Die Seele kennt bei schlimmen Traumata Mechanismen, das Unbeherrschbare abzutrennen und einzuschließen. Weil Erfahrungen zu zerstörerisch waren, werden sie isoliert und abgedeckt, damit wir an der Oberfläche noch handlungsfähig bleiben. Steigt jemand in seine Tiefe, dann fallen diese Abkapselungen auf. Sie muten wie tote Stücke in uns an, blutleer, abgestorben eben, die mit ihrem Verwesungsgeruch unsere bewussten und unbewussten Empfindungen durchwirken. Die Leere ist dann Anzeichen dafür, dass im angefangenen Prozess nichts mehr weitergeht. Weil Beten aber immer ein Beziehungsgeschehen ist, hängt es auch davon ob, wie viel wir von uns in das Gebet hineingeben, wie viele unserer Herzporen wir öffnen (können). Gibt es einbetonierte Gespenster, die dort einmal zu Recht eingekerkert wurden, geht auch beim Beten nichts mehr weiter. Die Geschmacklosigkeit wird zum Seismographen und die Langeweile zum Suchlicht für diese dunklen Flecken und eingemauerten Erfahrungen in uns. Sie anzugehen, vielleicht sogar aufzudecken, übersteigt geistliche Begleitungsprozesse und gehört – wie gesagt – in therapeutische Hände. Diese innersten Bewegungen sind aber insgesamt von Gott gehalten und haben von daher auch eine spirituelle Dimension. Um in die gut versteckten und hermetisch abgeriegelten Brunnenläufe des Lebens überhaupt schauen zu können, braucht es den Blick Jesu, der mich ansieht und mir zusagt, dass ich gewollt und bejaht bin von Ewigkeit her und durch alle Erniedrigungen hindurch. Schlicht gesagt: Um dieses Desaströse zu entmachten, darf nicht wieder Gewalt angewendet werden. Es darf nichts erzwungen, gepusht, getrieben werden. Vielmehr braucht es Zeit. Es braucht Vertrauen, dass es einen Frühling gibt, auch wenn ich ihn selbst noch nie erlebt habe. Es braucht Vertrauen, dass aus dem Abgestorbenen Leben wachsen kann. Es braucht die Erfahrung, dass mich jemand liebt, wie dies in einem Gedicht formuliert ist, das oftmals, aber fälschlicherweise Reiner Kunze zugeschrieben wurde.

Ich halte ein Samenkorn in der Hand.
Mein einziges Korn.

Sie sagen, ich soll das Korn in die Erde legen.
Ich muss mein Korn schützen, mein einziges Korn.
Ich habe nie erlebt, dass es Frühling gibt.

Sie sagen, es wächst neues Leben aus dem Korn.
Ich verliere mein Korn, mein einziges Korn.
Ich habe nie erlebt, dass es Frühling gibt.

Sie sagen, ich muss mein Korn riskieren, mein einziges Korn.
Aber ich habe nie Frühling erlebt.
Mein Geliebter sagt: Es gibt Frühling!
Ich lege mein Korn in die Erde.[18]

Beten muss mitwachsen –
biographische Phasen beim Beten

Gott wirkt manchmal wie einer, der einfach da gewesen ist, mitgeliefert mit der Kindheit wie Essgewohnheiten und Kleidungsvorschriften auch. Ernst Jandl (1925–2000) sinniert in seinen Worten „An Gott" darüber und resultiert: Keiner hat nach ihm gefragt. Niemand ihn gesucht. Er war einfach da, wie die Schuhe, die Konvention, nicht zu stehlen, und die Einsicht, dass es Utopist*innen braucht, um die Welt zu ändern.

AN GOTT
dass an gott geglaubt einstens er habe
fürwahr er das könne nicht sagen
es sei einfach gewesen gott da
und dann nicht mehr gewesen gott da
und dazwischen sei gar nichts gewesen
jetzt aber er müsste sich plagen
wenn jetzt an gott glauben er wollte
garantieren für ihn könnte niemand
indes vielleicht eines tages
werde einfach gott wieder da sein
und gar nichts gewesen dazwischen[19]

Gerade für religiös sozialisierte und kirchlich beheimatete Menschen ist Gott oft so etwas wie ein schon immer Dagewesenes – durchaus abstrakt und unpersönlich formuliert. Das aber ist noch keine Garantie dafür, dass Gott zum Du des Lebens reift. Das Beten kennt wie der Glaube verschiedene biographische Phasen und unterschiedliche Intensitäten. Es muss sich notwendig verändern, wie Be-

ziehungen auch nicht gleich bleiben. Sobald ich mich ver-
ändere, hat das auch Auswirkungen auf das Beten, wenn
wir ernst nehmen, dass Gott nicht eine a-morphe Masse,
sondern uns Menschen beim Namen ruft (vgl. Jes 43,1).

In den 1970ern bis weit in die 2000er Jahre hinein ging
man davon aus, dass sich die religiöse Entwicklung eines Menschen in bestimmten Stufenfolgen ereigne. Angefangen von einem eher intuitiven Glauben, der stark
von Phantasien geprägt ist, über einen Buchstabenglauben in der Kindheit gingen die Stufen bis zu einer wenig reflektierten Übernahme von Glaubensinhalten und
-überzeugungen im Jugendalter bis hin zu einem immer
persönlicher werdenden Glauben, der darin gipfelt, von
sich selbst ganz absehen und sich ganz an andere und anderes drangeben zu können (vgl. das Stufenmodell von
James W. Fowler und die Modelle religiöser Urteilskraft
von Fritz Oser und Paul Gmünder). Diese Linearität des
Entwicklungsprozesses und auch die Unumkehrbarkeit
der Stufen irritierte jedoch je länger, umso mehr, weil sie
vom Leben nicht gedeckt waren. Wer kennt nicht die Erfahrung, großzügig von sich absehen zu können, um im
nächsten Moment wieder ganz in die Muster des Buch-
stabenglaubens und Automaten-Gottes zu verfallen? Die
sog. domänenspezifischen Entwicklungsmodelle religiöser
Stile (Heiner Streib) konnten dieses Hin und Her sowie das
Nebeneinander von Glaubenshaltungen besser ausdrücken
als die alten Stufenmodelle. Interessant und nach wie vor
nachdenkenswert ist, dass den Glaubensprozess eine Dy-
namik kennzeichnet – sei sie nun über die Stufenmodelle
beschrieben oder die religiösen Stile –, die von der Übernahme tradierter Glaubensgehalte und einem eher äußer-
lich verbleibenden und über Dritte vermittelten Zugang

zu Gott zu einer immer persönlicher werdenden, individuellen, mich-meinenden Gottesbeziehung geht.

Dieses Wachsen auf Gott hin, das sich im Beten widerspiegelt, geht nicht einfach bruchlos. Manche Übergänge werden zu Abbrüchen der Gottesbeziehung, auf Zeit oder sogar auf Dauer. Gotteskonzepte, die einst sichere Orientierung boten, muten schal und leer an, weil sie mit den Lebenserfahrungen nicht mehr mithalten können. Das ist schwer, kann aber auch heilsam sein. Wir erleben es zurzeit systemisch-gesellschaftlich und -kirchlich, welch verheerendes Desaster ein Buchstabenglauben anrichtet, wenn sich religiöse Fundamentalist*innen – egal welcher Religionszugehörigkeit – durch einen eklektischen, kontextuell unverorteten und höchst tendenziösen Zugriff auf die Heiligen Schriften göttlich legitimiert fühlen, Menschen zu töten, Frauen den Gruß zu versagen oder das Rederecht in der religiösen Feier abzusprechen. Aber auch individuell-biographisch können festgefahrene Gotteskonzepte Schlimmes anrichten. Wie gut tun da Aufbrüche, die überkommene Gotteskonzepte auf ihre Lebensrelevanz anfragen und daraufhin abklopfen, was sie noch von der lebendigen und lebensspendenden Kraft des Evangeliums transportieren. Das kann in mehrere Richtungen passieren – dass Gott wirklich ein Du wird, aus dem ich lebe, in dem ich atme und durch den ich bin; oder auch, dass Gott auffindbar wird an ganz anderen, vorher unvermuteten Orten.

Wilhelm Bruners findet in seinem Text „Ich hatte einmal" Worte für beide Erfahrungen:

Ich hatte einmal

Ich hatte einmal einen Gott
der war furchtbar nützlich
bei Nacht zum Beispiel
da schickte er
vierzehn Englein
die beschützten meinen Schlaf
meinen Schulweg und so
manch anderen Weg auch

Irgendwann verlor ich ihn
aus dem Auge. Wir wurden
uns fremd. Als er mir kürzlich
wieder begegnete, erkannte ich
ihn kaum wieder

Er sah schlecht aus und klagte
über Schmerzen in Füßen und
Händen und im Rücken
Verbraucht – sagte er
Zuviel Treppen gestiegen
und zuviel getragen, zuviel
den Buckel hingehalten

Er tut mir leid, wie er
so dahinhumpelt
die abgetragenen Kleider
hinter sich herschleppend
ohne festen Wohnsitz:

Vater unser …[20]

Gott kommt dem Menschen hier näher, wird alltäglicher, an den Rändern auffindbar und leuchtet im Gesicht der Armen auf. Franz von Assisi hatte dies in der Begegnung mit dem Aussätzigen auf umstürzende Weise erfahren. Solche Erfahrungen stören „heilige" Bilder von Gott, die lieber den unerreichbaren Weltenherrscher als den gemarterten Gekreuzigten in die Mitte stellen. Sie sind aber eine heilsame Aushebelung herkömmlicher Lebensprinzipien, die versucht sind, Gott eher auf die Seite der Erfolgreichen und Mächtigen als der Gescheiterten und Marginalisierten zu stellen. Ein vom Gekreuzigten her entworfener Glaube rüttelt damit immer auf, gibt sich nicht zufrieden mit Konzepten, in denen wir uns eingerichtet, und Strukturen, in denen wir die Gottesdynamik zu bändigen versucht haben. Das gilt sowohl für die eigenen Glaubens- und Gebetsgeschichten als auch die gemeinschaftlichen, die wir als Kirche leben.

In Zeiten, in denen wir vor den Trümmern einer amts- und hierarchiebezogenen Kirche stehen, mag das aber auch trösten. Gott lässt sich nicht einfrieden in Regelungen und Paragraphen. Insofern gehen höchstens menschengemachte Fixierungen verloren, so dass wieder Platz bleibt für die Ideen Gottes, die nach Leben und Lebendigkeit schmecken.

Alltagstaugliches Beten

Beten hat mit dem Leben zu tun, ja wir würden sogar sagen, dass das Leben der „Stoff" für das Beten ist und mitten in den Banalitäten des Lebens stattfindet. Das bedeutet dann auch, dass Beten zum Leben passen und den ganz

Ich hatte einmal

Ich hatte einmal einen Gott
der war furchtbar nützlich
bei Nacht zum Beispiel
da schickte er
vierzehn Englein
die beschützten meinen Schlaf
meinen Schulweg und so
manch anderen Weg auch

Irgendwann verlor ich ihn
aus dem Auge. Wir wurden
uns fremd. Als er mir kürzlich
wieder begegnete, erkannte ich
ihn kaum wieder

Er sah schlecht aus und klagte
über Schmerzen in Füßen und
Händen und im Rücken
Verbraucht – sagte er
Zuviel Treppen gestiegen
und zuviel getragen, zuviel
den Buckel hingehalten

Er tut mir leid, wie er
so dahinhumpelt
die abgetragenen Kleider
hinter sich herschleppend
ohne festen Wohnsitz:

Vater unser …[20]

die Nähe mit den Mächtigen auch etwas von deren Glanz abzubekommen. Diese „Un-Lebens-Botschaften" sind so sublim und doch wirksam, dass es nicht so leicht ist, sie zu dechiffrieren – sowohl im großen Ganzen als auch im eigenen Lebensradius. Auffällig ist, dass sie alle durch das Motiv bestimmt sind, dass ich nur dann etwas gelte, wenn ich dazugehöre und anerkannt bin, und zwar von denen, die als einflussreich gelten. Das aber bedeutet, dass ein Großteil des Alltags, nämlich sämtliche Banalitäten, und alle Beziehungen zu Menschen, die nicht zum Kreis der VIPs gehören, nichts zählen. Sie müssen als wertlos abgestempelt und als vergeudete Lebenszeit abqualifiziert werden.

Wie anders lautet da die Botschaft des Evangeliums: Jesus wendet sich denen zu, die nicht im Machtzentrum Israels agieren, sondern oben in Galiläa leben, einem Landstrich, der weder politisch noch religiös von Bedeutung ist. Er widmet sich den Armen und Kranken. Selbst die als Outlaws deklarierten Prostituierten und Zöllner gehören zu seinen Gefährt*innen. Die Machtverhältnisse und -gepflogenheiten werden von ihm auf den Kopf gestellt. Nicht mehr der ist von Bedeutung, dem die Mächtigen zugestehen, dazuzugehören, sondern jede und jeder auf je eigene Weise, weil Gott uns einen Namen gegeben hat. Jemand zu sein, gesehen zu werden und wichtig zu sein muss damit nicht mehr erkämpft werden, sondern wird geschenkt – von Gott, und damit freigebig, verschwenderisch, grenzenlos sogar. Konkurrenz wird damit obsolet, denn jede und jeder steht auf dem ersten Platz. Der Alltag muss nicht von einem Highlight zum nächsten hasten, das Leben darf gewöhnlich daherkommen, weil es sowieso geheiligte Zeit von Gott her ist. Das entlastet und wird ehrlicher.

Auch theologisch ist das Befreiende dieser Aussage nicht hoch genug einzuschätzen. Gott bleibt damit nämlich nicht nur für besondere Zeiten, Lebensphasen, Orte reserviert, sondern wird als einer erkennbar, der überall, in allen Kleinigkeiten des Lebens zu finden ist. Beten braucht damit die Banalitäten des Lebens nicht zu übergehen, sondern findet in ihnen und in ihrer „Sprache" statt. Teresa von Avila schreibt genau darüber an ihre Mitschwestern, als sie sagt:

> „Betrübt euch nicht! Wenn ihr verpflichtet seid, ‚äußere' Aufgaben zu übernehmen, so bedenkt, dass euch der Herr auch in der Küche inmitten der Kochtöpfe nahe ist und euch sowohl innerlich wie äußerlich beisteht."[21]

Und Madeleine Delbrêl geht sogar so weit, dass sie ihre Gefährtinnen auffordert, einfach so in den Tag hinauszugehen, sich von Gott unterwegs finden zu lassen, ohne vorgefassten Plan, kundige Bibliothek und Bescheidwissen, in der Armut eines banalen Lebens eben.

> Geht hinaus in euren Tag
> ohne vorgefasste Ideen,
> ohne die Erwartung von Müdigkeit,
> ohne Plan von Gott,
> ohne Bescheidwissen über ihn,
> ohne Enthusiasmus,
> ohne Bibliothek –
> geht so auf die Begegnung mit ihm zu.
> Brecht auf ohne Landkarte –
> und wisst, dass Gott unterwegs
> zu finden ist,

und nicht erst am Ziel.
Versucht nicht,
ihn nach Originalrezepten zu finden,
sondern lasst euch von ihm finden
in der Armut eines banalen Lebens.[22]

Beten muss zum Alltag passen

Als wir mit unserer Gemeinschaft als Franziskanerinnen sf
(societas francisci) begonnen haben, war vieles unklar und
unsicher. Wir wussten aber, wie wir beten wollten und
dass das Beten zu unserem Alltag passen sollte. Alltag und
Beten verstanden wir als wechselseitigen Spiegel, in dem
das Beten den Alltag und der Alltag das Beten widerspiegelt. Dennoch merkten wir, dass die Formen alltagstaug-
lichen Betens immer wieder überdacht werden wollten.
So wurde unser Beten je länger umso stiller. Da wir alle
in wortreichen Berufen arbeiten, konnten unsere Gebetszeiten nicht wieder angefüllt von Worten und Texten sein,
seien sie noch so schön oder heilig. Wir räumten der Stille
und dem Schweigen immer mehr Platz ein. Die morgendliche Meditation, die von einem kurzen Impuls eingeleitet wird, was die Tageslesungen oder das Alltagsgeschäft
zu denken und zu beten geben, wurde immer mehr zum
schweigenden Dasitzen und Verweilen. So eröffnet sie einen Raum, sich der Gegenwart Gottes bewusst zu werden und gehalten von Gottes Du in den Tag zu gehen. Das
Mittagsgebet unter-bricht das Alltagsgeschäft und lässt im
Schweigen den Kopf heben über den eigenen Tellerrand
hinaus und in Gottes Atem hinein. Abends beten wir aus
dem Psalmenbuch und hören das Evangelium – die Zeit
der Stille ist aber genauso wichtig wie die Worte, die wir

sprechen und hören. Sie ist Resonanzraum, in dem die Worte erst ihre Kraft entfalten, und Weise, uns selbst auch mit den Kläglichkeiten des Tages in Gottes Gegenwart hineinzuhalten. Wir merken, dass wir so unser Leben und was uns beschäftigt, nicht draußen halten müssen, sondern zum Boden des Gebets werden lassen können. Darauf baut sich das Gebet auf. Und dann merken wir nicht selten, dass es die „Stimme verschwebenden Schweigens" ist (1 Kön 19,12 in der Übersetzung von Martin Buber), die sich im Alltagstreiben vernehmen ließ und uns zeigt, wie Gott uns in all dem findet.

Beten macht den Alltag tauglich

Durch die enge Beziehung von Beten und Alltag wundert es nicht, dass das Beten den Alltag auch tauglich macht. Sosehr der Alltag nicht spurlos am Gebet vorbeigeht, so sehr wirkt das Beten auch auf den Alltag. Das soll nicht heißen, dass der Alltag plötzlich perfekt läuft und alle zwielichtigen Gedanken schon im Keim erstickt würden; aber das Gebet hat die Kraft, den Alltag zu verändern. Es kann ihn erträglicher machen, sinnvoll und auch leicht. Die Heilworte der Psalmen wachsen dann in die Tagängste hinein, wie Wilhelm Bruners dichtet, und das Drehen um die eigene Achse weicht der Hoffnung, dass da Gott ist und die Welt sich ins Gute hinein wandelt:

Ergebnis

Nach dem morgendlichen
Gang über die
Psalmbrücke
drehe ich mich nicht

mehr um die eigene
Achse

ich atme die alten
Heilworte in meine
Tagängste

und bin
guter Hoffnung[23]

Dass das Beten den Alltag tauglich macht, hängt an unterschiedlichen Dynamiken, die dem Beten innewohnen. Da ist zum einen die Kraft der Unterbrechung. Das Gebet baut in den Alltagsablauf einen Raum des Dazwischen ein. Abläufe – selbst gerade begonnene – werden unterbrochen und oft auch aufgebrochen. Ob dies ein stiller Gebetsruf ist oder eine etablierte Gebetszeit – sie alle bringen etwas zum Erliegen, lassen innehalten und tun so etwas anderes auf. Das erlaubt, den Kopf über Alltagskram zu erheben und die Vorgänge des Tages nochmals in einem anderen Licht anzuschauen: Ist das, was ich mache und was mich außer Atem bringt, wirklich so wichtig? Was und wem gebe ich das Recht, bedeutsam zu sein? Was lohnt überhaupt? Damit werden Wichtigkeiten und Bedeutsamkeiten nochmals neu bemessen und es gibt die Chance, Handlungsmaximen zu justieren. In der Gebetstradition gibt es die Einladung, Dinge sub specie aeternitatis anzuschauen, also daraufhin zu befragen, ob sie angesichts der Ewigkeit Bestand haben werden. Eine solche Haltung will unser Tun nicht für nichtig und sinnlos erklären, sondern hilft, den Blick zu weiten auf das, was und wer wirklich wert ist, in unserem Leben Beachtung zu finden.

Zum anderen stiftet das Beten Trost. Wenn die Kraft ausgeht, die eigenen Ressourcen erschöpft sind und kein Licht am Ende des Tunnels erkennbar ist, dann hilft das Beten, sich zu erinnern, dass die Kraft von woandersher kommt. Gott ist einer, der sich um uns sorgt, der uns nicht hängen lässt, sondern uns selbst dann noch nachgeht, wenn wir der Resignation schon lange erlegen sind. Dafür aber braucht es Augen des Herzens, die Gott auch sehen können, und ein Empfinden, das Gott auch aufspürt. Augustinus fasst diese Erfahrung unvergleichlich schön in seinen Bekenntnissen zusammen:

> Sag mir in der Fülle deiner Erbarmung,
> mein Herr und mein Gott, was du mir bist!
> Sag zu meiner Seele: Dein Heil bin ich.
> Sag es so, dass ich es höre!

Schließlich ist das Beten eine Kraft, die Zuversicht stiftet. Weil es die Beziehung zu Gott als dem zutiefst Guten darstellt, verwirklicht und lebt es die Hoffnung, dass alles gut werden wird. Vielleicht mutet dies naiv an. Aber wie sehr leben wir doch von dieser Hoffnung, dass sich Dinge gut fügen, Umstände verbessern und dunkle Ahnungen nicht bewahrheiten werden. Und wie desaströs wird es, wenn wir erfahren müssen, dass dies alles nur Illusion war. Dann fühlen wir uns verkauft und betrogen. Beten wird dann zur Anrede – selbst gegen erfahrene Täuschungen –, weil es die Hoffnung auf Gott richtet und die Erfahrung wachhält, dass uns nicht ein zerstörerisches Ende, sondern eine heilvolle Zukunft erwarten wird. Wie gesagt, das mag naiv anmuten. Es verändert aber das Leben, wenn ich hoffen darf, dass am Ende Gott steht und nicht das Nichts.

Um sich verständlich zu machen, lernt Gott Ägyptisch

Dieses weite Panorama des Betens lässt verstehen, dass Beten nicht nur eine ritualisierte Abfolge ausgewählter Praktiken meint. Im Gebet kommen vielmehr die Fragen nach uns Menschen und nach Gott zusammen. Es ist wie ein Brennglas, in dem sich verdichtet, wer wir sind, wie wir uns verstehen und wer Gott für uns ist. Damit ist auch gesagt, dass sich Beten verändert. Je nachdem, was uns beschäftigt, wie wir uns wandeln, wird auch das Gebet anders werden und sich unsere Frage nach Gott je neu stellen. Das war schon immer so. Von daher lohnt ein Blick in die biblischen Schriften, um herauszufinden, wie Menschen früherer Zeiten ihre Erfahrungen mit Gott formuliert haben und von Gott überrascht wurden – in ihren Lebenskontexten, in ihren Hoffnungen, in ihrer Sehnsucht nach ihm. Damit kann das Verständnis des Gebets geweitet und die Ermutigung gestärkt werden, dass Gott keine Mühen scheut, uns zu finden, und selbst Ägyptisch lernt, wenn es sein muss, wie dies eine alte jüdische Legende formuliert: „Israel, schon 400 Jahre im ägyptischen Exil, schreit und stöhnt zu Gott und bittet ihn um Befreiung. Und Gott hört ihr Schreien und will sich seinem Volk verständlich machen. Aber es gibt ein Problem. Denn nach so langer Zeit hat das Volk die göttliche Sprache, das Hebräisch, verlernt und versteht Gott nicht mehr. Was ist zu tun? Israel als Ganzes in einen Hebräisch-Kurs schicken …? Ein recht aufwändiges Unternehmen, vor allem im Exil, wenn die Siegermacht eine Eigen-Sprache der Besiegten unterdrücken will oder gar verbietet … Aber Gott hat in dieser Legende eine bessere Idee: Er lernt Ägyptisch.“[24]

3. Biblische Splitter, franziskanisch gespiegelt: Gott sucht den Menschen

In der Spiritualitätsgeschichte wird das Beten oftmals als Gottsuche bezeichnet. Das ist richtig und wichtig. Die Gottsuche des Menschen ist aber noch zuvor Antwort und damit mehr als eine aktive Suche unsererseits. Es ist Gott, der sich auf den Weg macht, um uns zu finden, egal wo wir sind oder wo wir uns auch verloren haben. Er wartet, bis wir uns auftun für ihn, für sein Klopfen an der Tür unseres Herzens, wie das Johann Sebastian Bach (1685–1750) in der Kantate „Wachet auf, ruft uns die Stimme" (BWV 140) wunderschön ausgestaltet hat. Die Oboe, die bei Bach immer wieder für die Seele und ihre Sehnsucht steht, streckt sich aus nach dem, der kommen soll, macht sich bereit und kann die Ankündigung, dass Gott kommt, gar nicht oft genug hören. Die Aktivität von uns Menschen besteht also darin, sich für Gott zu öffnen und in dieser Begegnung immer präsenter zu werden – und das heißt auch, ihn nicht auf unsere vorgefertigten Schubladen festzulegen, sondern sich von Gott überraschen zu lassen, der auch in den entlegensten Winkeln unseres Lebens und unserer Welt zu Hause ist. Er versteckt sich in unserem Alltag und will, dass wir uns von ihm finden lassen. Pablo Picasso wird ein Gedanke zugeschrieben, der dies pointiert ausdrückt:

Ich suche nicht – ich finde.
Suchen – das ist Ausgehen von alten Beständen und ein Finden-Wollen von bereits Bekanntem im Neuen.
Finden – das ist das völlig Neue! …
Die Ungewißheit solcher Wagnisse können eigentlich nur jene auf sich nehmen, die sich im Ungeborgenen geborgen wissen, die in die Ungewißheit … geführt werden, die sich im Dunkeln einem unsichtbaren Stern

überlassen, die sich vom Ziele ziehen lassen und nicht –
menschlich beschränkt und eingeengt – das Ziel be-
stimmen.

Dieses Offensein für jede neue Erkenntnis im Außen
und Innen: Das ist das Wesenhafte des modernen Menschen, der in aller Angst des Loslassens doch die Gnade
des Gehaltenseins im Offenwerden neuer Möglichkeiten erfährt.

Die biblischen Splitter, die wir im Folgenden ausgewählt
haben, sind vor allem in dieser Spur zu lesen: Sie zeigen,
wie sich Menschen von Gott finden ließen und dadurch
andere geworden sind. Damit konturieren sie einen Gott,
dessen größte Sehnsucht der Mensch ist („Homo deside-
rium dei", Augustinus). Die franziskanischen Spiegelun-
gen unterstreichen dies und laden ein, die Weiterschrei-
bungen der Geschichte Gottes, die Franziskus und Klara
in ihrem Leben vorgenommen haben, auch in unserer Zeit
Gestalt annehmen zu lassen – sehr konkret, durch uns und
in unserer Welt.

Gib mir ein hörendes Herz (1 Kön 3,9) –
Von der Unruhe und der Sehnsucht des Herzens

Die Erfahrung des hörenden Herzens blendet zurück in
eine Zeit, in der es drunter und drüber geht. Salomo tritt
die Nachfolge seines Vaters David an und schürt das he-
reinbrechende Chaos sogar noch an. Die Stämme Israels
fallen übereinander her, verlieren Gott aus dem Auge und
auch sich selbst; und auch Salomo vergilt Rache mit Ge-
genrache und zögert nicht, seine Gegner kaltblütig er-

morden zu lassen (1 Kön 1–2). Mitten in diese chaotischen Umstände hinein erscheint der Herr Salomo nachts im Traum (1 Kön 3,5). Es ist – wie in den biblischen Erzählungen so oft – der Zwischenraum, den Gott wählt, um die Menschen anzurühren. Dort, wo der eine Tag aufgehört und der andere noch nicht begonnen hat; wo das bewusste Handeln zum Erliegen gekommen ist und die inneren Bewegungen nicht aktiv gesteuert werden, da zeigt sich Gott dem Salomo. Er erlaubt ihm, eine Bitte zu äußern. Selbst für die weichzeichnenden Beschreibungen Salomos in den Königsbüchern überrascht die Antwort Salomos und wird zur Kurzformel seiner Herrschaft, die die Königsbücher in glanzvollen Taten ausschmücken. Es ist ein „hörendes Herz" (1 Kön 3,9), um das Salomo bittet. Für heute übersetzt, könnte das heißen, uns einzugestehen, die Dinge nicht selbst in den Griff zu bekommen. Es könnte bedeuten, anzuerkennen, dass die Dinge Größeres verlangen, als wir zu bieten haben. Die herkömmlichen Konzepte reichen nicht, um die herandrängenden Probleme zu bewältigen. Die alten Ratgeber haben ausgedient, die ausgeklügelten Pläne sind an ihr Ende gekommen. Da gibt es kein „Weiter!" im herkömmlichen Stil. Lösungen – sofern es überhaupt welche gibt – müssen von woandersher kommen. Hier geht es nicht mehr um das Machen und die Entwicklung von Strategien, sondern um das Hören und Wahrnehmen und die Bereitschaft, sich und die eigene Welt ganz neu zu sortieren. Und letztlich geht es auch um das Vertrauen, dass da einer ist, der größer ist und auch das Größere zu wirken vermag. Wie wichtig und wie umstürzlerisch ist das – auch heute!

Allerorten merken wir, dass wir mit unseren „Lösungen" zu Ende sind: Die Klimakatastrophe rückt immer näher, die bisherigen Konzepte gehen nicht auf, das Desaster steht vor der Tür. Überall auf der Welt gehen Menschen auf die Straße, weil ihre Regierungen korrupt sind, kaum noch die allernötigste Infrastruktur zur Verfügung stellen, die Armen immer ärmer werden und wenige Reiche die Ressourcen von vielen Millionen Menschen für sich verbrauchen. Die Frage, was sozialen Zusammenhalt schafft, bleibt unbeantwortet, und das entstandene Vakuum, das früher Kirchen und religiöse Bindungen füllten – wenn auch nicht immer gut –, wird zur missbrauchsanfälligen Black Box. Und auch in den christlichen Kirchen ist der Abgrund näher als die Aussicht auf Veränderung und Besserung. Die Mitgliederzahlen gehen von Jahr zu Jahr zurück und, was noch bedeutsamer ist, die Botschaft des Evangeliums versackt in alten Sprachspielen und überkommenen Riten und Strukturen. Woher kommt hier Hilfe? Was schafft Auswege? Pfarreien immer größer zu stricken, damit sie auch weiterhin von den wenigen Priestern geleitet werden können, ist bestimmt kein Systemwechsel, sondern eine Verwaltung des Totgesagten. Was aber hilft?

Das hörende Herz wird hier zur Chiffre, Bisheriges zu unterbrechen, innezuhalten und ins Hören zu kommen: Interessanterweise ist bei Salomo damit nicht nur das Hören auf Gottes Wort gemeint. Er sieht nicht nur nach, was in der Tradition über Gott geschrieben steht bzw. von ihm überliefert ist. Er bittet vielmehr darum, das, was ist und was sich tut, aufmerksam wahrzunehmen, um dann Gut und Böse voneinander unterscheiden zu lernen (1 Kön 3,9b.c). Den Lebensvollzügen, man könnte auch sagen: der Praxis wird hier eine eigene Logik zugestanden. Sie hat ihre eigene Dignität und will gehoben werden, sollen sich neue, vorher nicht gesehene Perspektiven auftun. Um ein hörendes Herz zu bitten, ist so nicht nur der Anfang des Betens, sondern auch der Beginn der Veränderung in ausweglosen Zeiten.

Für Franz von Assisi hat dies eine umstürzende Gestalt angenommen, als er aus der Gefangenschaft in Perugia (1202–1203) wieder nach Assisi zurückkehrt. Müde geworden an den alten Lebensplänen, enttäuscht von den Bildern, in die er sein (religiöses) Leben eingebettet hatte, streift er durch die Ebene vor Assisi und findet keinen Ort für seine Rastlosigkeit. Da wird er aufgestört durch die Begegnung mit dem Aussätzigen (1205) und wenig später durch ein Ereignis in der Kirche von San Damiano (ebenfalls 1205). Er weiß sich angesprochen vom Gekreuzigten. Er spürt tief in sich, dass er von Gott gemeint ist, versteht aber noch nicht, was dies konkret heißt. Da fängt er an zu beten und bittet in seinen Worten um ein „hörendes Herz". Als San-Damiano-Gebet überliefert, heißt es dort so:

Höchster, glorreicher Gott,
erleuchte die Finsternis meines Herzens und schenke mir
rechten Glauben,
gefestigte Hoffnung und
eine vollkommene Liebe.
Gib mir, Herr,
das rechte Empfinden und Erkennen,
damit ich deinen heiligen Auftrag erfülle,
den du mir in Wahrheit gegeben hast.
AMEN (GebKr, FQ 13)

In den großen Überlebensfragen unserer Zeit gebetet, aber auch in den fragenden Stunden des eigenen Lebens gesprochen, sind diese Worte noch heute Anreiz, dem hörenden Herzen zu trauen. Das braucht Mut, weil die Lösungen eben nicht auf der Hand liegen oder fabriziert werden. Es muss vielmehr ausgehalten werden, dass sich die Dinge einstellen und die Antworten auf uns zukommen. Das hat nichts mit einem faulen Alibi zu tun, sich selbst nicht ändern oder sich nicht auf Veränderungen einstellen zu müssen. Das hörende Herz wurzelt vielmehr in dem Vertrauen, dass da etwas und jemand zu hören ist, auch wenn das oft sehr leise passiert – ungehört fast, nur mit der Sehnsucht erhofft, aber trotzdem weltumstürzlerisch.

Wo du stehst, ist heiliger Boden (Ex 3,1–17) – Die Schuhe des „Daran-gewöhnt-Habens" ausziehen

Eine andere Erfahrung, von Gott gefunden zu werden, sehen wir zu Beginn des Exodus-Buches verdichtet. Es ist Exils-Alltag. Mose geht seiner Arbeit nach und weidet die Schafe, die nicht einmal ihm, sondern seinem Schwiegervater Jitro gehören (Ex 3,1). Mitten in diesem vertrauten Geschäft überschreitet Mose die Grenze. Er geht über das normale Weidegebiet hinaus, verlässt die eingeschliffenen Wege und riskiert einen Umweg. In der Wüste kann dies tödlich sein. Wer weiß schon, ob man wieder zurückfindet. Mose aber wagt es und sieht einen in der Steppe zu Hunderten vorkommenden brennenden Dornbusch. Ob Mose sich über seine Komfortzone hinauswagt, *weil* er den brennenden Dornbusch sieht, oder ob dies eine Konsequenz seines Mutes für den unbekannten Weg ist, verrät die Bibel nicht. Mose tut es und geht auf das Außergewöhnliche zu. Dass Dornbüsche in der

Hitze der Wüste zu brennen beginnen, kommt, wie gesagt, hundertmal vor. Dass sie brennen und nicht zerstört werden, ist kurios. Und dann passiert noch Außergewöhnlicheres: Gott ruft ihm aus dem Dornbusch entgegen. Er redet ihn an mit seinem Namen. Mose, Mose! Das ist selbst für die Bibel ungewöhnlich und diese Doppelung der Anrede kommt in der Schrift nur viermal vor (Gen 22,11: Abraham; Gen 46,2: Jakob; Ex 3,4: Mose; 1 Sam 3,10: Samuel). „Komm nicht näher heran! Leg deine Schuhe ab; denn der Ort, wo du stehst, ist heiliger Boden" (Ex 3,5).[25] Zwei Befehle und eine Erklärung, die alles auf neue Füße stellt. Die Forderungen Gottes sind bodenlos, im wahrsten Wortsinn. Sie entziehen Mose den Boden. Wo er steht, der Grund, auf dem er geht, gehört nicht ihm, sondern Gott. Anders, als dies sonst in Israel und Ägypten üblich ist, kann Mose durch das Aufsetzen der Schuhe den Boden nicht zu seinem Herrschaftsgebiet erklären. Der Grund gehört einem anderen. Und der Ort, auf dem Mose steht, ist heilig.

Das ist ein Schlüssel nicht nur für die Mose-Erzählung, sondern auch für heute. Wie oft meinen wir, dass wir die Bestimmer*innen sind und sich alles unseren Ansprüchen unterzuordnen hat. Wie oft stehen wir auf Alltagsboden und haben keine Augen dafür, dass sich in ihm der Himmel spiegelt. Wie oft lassen wir uns ersticken von Alltagssorgen und haben keinen Blick mehr dafür, dass uns selbst in der Ödnis Gott noch erreichen will. Es ist viel, wenn uns solche Augen nicht verlorengehen, und es ist ein Glück, wenn wir die Erde vom Himmel überquellen sehen. Gottverbundenheit ist dann nämlich überall möglich, selbst wenn andere sagen, dass hier nichts ist, höchstens Zeit zum Beerenpflücken und Alltagsvertreib:

Gotteserfahrung

Die Erde ist mit Himmel vollgepackt,
und Gott brennt hell in jedem Busch;
doch nur der Sehende zieht die Schuhe aus.
Die anderen sitzen herum
und pflücken Beeren.

(Elizabeth Barett Browning)[26]

Mut und Zutrauen braucht das allerdings schon. Es braucht
den Mut, die Schuhe des „Daran-Gewöhnt-Habens" aus-
zuziehen, und Zutrauen, dem Alltag zuzugestehen, dass
er gut genug ist, um alles in unserem Leben zu sein. Nicht
erst, wenn wir die Nelson Mandelas oder die Mahatma
Gandhis und Ruth Pfaus von heute geworden sind, ist unser Alltag gottfähig. Nein! Die Bibel ist voll von der Zusage, dass Gott uns Menschen im Gewöhnlichen findet,
hier und nicht erst dort, jetzt und nicht erst dann:

Heiliger Boden

Jeder Ort ist heiliger Boden,
jeder Ort kann Stätte der Begegnung werden
mit göttlicher Gegenwart.
Sobald wir die Schuhe des
Daran-Gewöhnt-Seins ausziehen
und zum Leben erwachen,
erkennen wir:
Wenn nicht hier, wo sonst?
Wann, wenn nicht jetzt?
Jetzt und hier oder nie und nirgends
stehen wir vor der letzten Wirklichkeit.

(nach David Steindl-Rast)

Franziskanisch gewendet, steigert sich diese Erfahrung nochmals, insofern uns Gott nicht nur im Alltäglichen findet, sondern sogar im Schrecklichen. Für Franziskus war es die Begegnung mit dem Aussätzigen in der Ebene vor Assisi, die ihn verstehen ließ, wer Gott ist und wie Gott ist. Wovor er sich geekelt und was er weggeschoben hatte aus seinem Leben, das wird für Franziskus zum Einfallstor Gottes. Indem er sich auf eine Ebene mit dem Aussätzigen stellt, erleben beide, dass hier heiliger Boden ist. Im anderen wohnt Gott, und zwar selbst dann, wenn er hässlich ist. Das entgrenzt alle Festlegungen, die Franz vorher gemacht, und alle Schubladen, in die er Gott gesteckt hatte. Wo das Geheimnis des anderen Raum bekommt, da wird auch Gottes Geheimnis ansichtig, bekommt also ein wirkliches Gesicht. Emmanuel Lévinas (1906–1995) wird dies zum Dreh- und Angelpunkt seiner Philosophie ausbauen und das Angesicht des anderen zum Grund für das „Du sollst nicht töten!" machen. Für Mose und für heute zeigt sich: So ist Gott! Damit ist es auch nicht mehr weit, Gottes Namen zu verstehen. Der Ich-bin-da-Gott oder wie Martin Buber das Tetragramm JHWH in Ex 3,14 ausdeutet, der „Ich bin der, der ich sein werde" ist einer, der immer und überall, gestern, heute und morgen im Licht wohnt, sich aber auch aus der Finsternis nicht wegstiehlt. In seiner Gegenwart zu leben, sich seiner innezuwerden ist damit überall und zu jeder Alltags-, Glücks- und Katastrophenzeit möglich. Das ist die Ungeheuerlichkeit, die im Gottesnamen verborgen liegt, und die Bodenhaftung, die mit dem Ich-bin-da-Gott verbunden ist.

bodenhaftung

ich komme nicht
    ohne gebet aus
wie sehr ich auch
    das schweigen suche
hinter jedem müllsack
höre ich die stimme
zieh deine schuhe aus …
ich küsse die dunkle erde
und male um sie einen kreis
der mein leben
    ins gebet nimmt

(Wilhelm Bruners)[27]

Zwischen Zeigen und Verbergen (Ex 33) – Den Rücken darfst du sehen

Die biblischen Erzählungen spielen immer wieder mit der Frage, wie es sich nun mit Gott verhält. Ist er nah oder ist er fern? Zeigt er sich oder verbirgt er sich? Hilft er oder entzieht er sich? Eine der für uns schönsten Erzählungen, die dieses Einerseits und Andererseits der Nähe und Verborgenheit Gottes ausloten, findet sich in Ex 33. Es sind wie so oft das Chaos und die Katastrophen, die nach Gott fragen lassen. Das Volk Israel hat schlimme Zeiten hinter sich. Weil Gott sich zu lange verborgen hat und auch Mose auf dem Sinai verschollen ist, hat es sich mit Ersatzgöttern abgefunden (Ex 32). Das konnte nicht gut gehen. Als Mose wieder zurückkam und mit Israel heftig ins Streiten kam, lenkte Gott schließlich nach langem Hin und

Her ein und ließ sich erneut für Israel gewinnen. Was er versprochen hatte, sollte erneut gelten. Das hat Mose aber nicht gereicht. Er wollte sich Gottes Zusage versichern und ihm ein Zeichen seiner Nähe abringen. Wer kennt das nicht? Gerade in schwierigen Situationen, wenn viel auf dem Spiel steht, wenn Gott in die Ferne gerückt ist, reicht kein informationsgesättigtes Wissen und wortgewaltiges Einreden mehr. Da braucht es ein inneres Verspüren der Gegenwart Gottes. Die wenigen Verse in Ex 33,18–33 wirken da wie eine heilende Salbe auf die Gotteswunde der Getriebenen. Gott zeigt sich dem Mose und er zeigt sein Bestes, sein Schönstes, sein Innerstes. Im Hebräischen steht hier das Wort *qol tobei*. Das ist das Wort für das Gute. Damit ist nicht nur wie bei uns das moralisch Gute, sondern das Schöne, das Heilende, das Volle, das Glücklichmachende gemeint. Soll es mit Israel gut weitergehen, dann muss es wieder wissen, dass Gott das Beste im Leben ist. So schmerzlich die Erfahrung ist, gerade in kritischen Zeiten diese Gottverbundenheit nicht zu spüren, so hoffnungsvoll ist dieses in Ex 33 geschilderte Widerfahrnis, nicht nur für damals, sondern auch für heute erzählt. In Gott finden die ganze Sehnsucht und Hoffnung, dass es im Leben gut wird, ein Zuhause. Da kommen unser Seufzen und Fragen zur Ruhe, da wissen wir tief drinnen, dass Gott da ist, dass er uns hält und uns birgt, vielleicht so wie im folgenden Text:

ACH★
namenloser Name
Stimme im Schweigen
Antwort und Frage
Offenbarung in allem

behutsam
ACH

(Elisabeth Wöhrle sf[28])

Die zweite Botschaft dieser Stelle ist, dass Gott sich im Vorübergehen zeigt. Gott lässt sich nicht festhalten: weder in Kirchen und Tempeln noch von Bischöfen und Priestern oder in Worten und Ritualen. Er ist da und zieht doch vorüber. Für die Leser★innen von damals war die Aussage dieser Verse klar: JHWH lässt sich nicht wie die Kultbilder aus der Umgebung anstarren und auf bestimmte Vorstellungen festnageln. Für uns ist die Übersetzung schwieriger: In der Kirche sind wir es gewohnt, Gott in überkommenen Sprachbildern und kirchlichen Ordnungen einzufangen. Die Aussage vom vorübergehenden Gott wirkt da wie ein Stachel. Sie muss gerade heute aufschrecken, wo die Frage nach Gott mittels Strukturdebatten und XXL-Pfarreien-Konstruktionen befriedet werden soll. Wo die Strukturen aber nicht den Menschen, ihrer Gottsuche und ihrem Hunger nach Leben dienen – denn das ist Zeichen des lebendigen Gottes –, taugen sie nichts, auch wenn sie noch so kirchenrechtskonform und organigramm-technologisch ausgearbeitet sind. Der vorübergehende Gott mahnt uns dazu, unsere Bilder von ihm und unsere eingeschliffenen Lebensmechanismen sowie Gottreden daraufhin zu befragen, ob sie etwas für das Leben austragen. Wo dies nicht der Fall ist, können wir sie getrost verabschieden, sosehr wir uns auch an sie gewöhnt haben und Sicherheit daraus gewinnen. Der vorübergehende Gott ist immer eine Anrede gegen Institutionalisierungen – selbst wenn sie sich noch so erhabene Titel wie die „heilige Kirche" geben. Und er ist ein Aufstand für das Unkontrollierte, für das, was sich im Vorübergehen und Ungeplanten tut. Das kann sehr entlasten: Systemisch brauchen wir nicht erst die perfekten Strukturen elaboriert und die schicksten Pastoralkonzepte erarbeitet zu haben, um aus Gott zu leben und in ihm zu sein. Biographisch-individuell motiviert der vorübergehende Gott, dem Halbfertigen in unserem Leben, dem Tasten und Versuchen zuzutrauen, dass Gott sich darin finden lässt, wie dies Lisa F. Oesterheld formuliert:

Kontemplation

ortloser Raum
hauchdurchweht

ewigweit
verdichtet

da dir begegnen
jetzt wie vorbei[29]

Noch ein Drittes tut dieser kurze Text auf: Gott will, dass Mose sich in einen Felsspalt stellt, und zieht dann mit dem Rücken an ihm vorüber (Ex 33,23). In der rabbinischen Auslegung gibt es dazu eine hilfreiche Deutung. Dass wir Gott lediglich mit seinem Rücken sehen können, ist nicht nur ein Ausdruck dafür, dass Gott immer auch der Unfassbare bleibt; es kann auch zeitlich gelesen werden. Oftmals können wir erst in der Rückschau unser Leben verstehen.[30] Erst wenn ein zeitlicher Abstand gewachsen ist, geschlagene Wunden uns nicht mehr überwältigen, dann wird es möglich, Dinge in einem weiteren und weitenden Kontext zu sehen. Was Gott von sich in seinem Namen gesagt hat, nämlich dass er der „Ich-bin-Ich" ist und der „Ich werde sein, der ich sein werde", wird in Ex 33,23 konkret.[31] Sein Dasein zeigt sich in unseren Lebensgeschichten. Oft erst im Nachhinein verstehen wir, wo Gott da war. Für ihn aber gilt, dass er uns ganz zuinnerst sein will, in jedem Atemzug, in jeder Lebensminute, in allen Herzporen, durch und durch. Franz von Assisi kleidet diese Erfahrung in ein Gebet, das sowohl Ausruf und Seufzer als auch eine tiefe Gewissheit ist. Er redet vom „Deus meus et omnia". Mein Gott und mein alles; oder: mein Gott und alle Dinge, so könnte man übersetzen. Gott ist überall und in allem. Ich kann ihm überall begegnen, und jeder Ort und jede Zeit ist gut genug. Es reicht sogar ein Seufzen, ein Ach, ein kurzes Unterbrechen, ein Horchen und Eintauchen. Das lässt ruhig werden und getrost auch.

Actio oder Contemplatio (Lk 10,38–42)? – Von falschen Alternativen und der Tür zum Du

Eine der großen Fragen, die die gesamte Spiritualitätsgeschichte durchziehen, ist diejenige nach Actio und Contemplatio. Diese Frage hat viele Spielarten. Die meisten davon operieren mit Kontrastierungen von Actio und Contemplatio, in denen die Actio zum absoluten Gegenteil von Contemplatio wird, Aktivität nichts mit dem

Gebet zu tun hat und umgekehrt das Gebet zum Inbegriff einer weltvergessenen Selbstbezogenheit, ja Selbstbespiegelung verkommt. Gerade in sog. Neuen geistlichen Bewegungen feiern diese Missverständnisse fröhliche Urständ, wenn sie Aktivität und Engagement als „weltlich Ding" abtun, ja verachten, und Gebetspensen und -rituale als elitäres Nonplusultra von (Ordens-)christsein ausgeben, egal ob sie helfen, an Gott zu rühren oder nicht.

Die Frage nach Actio und Contemplatio aber geht tiefer. Im Grunde gilt es zu klären: Wie sieht es aus mit uns Menschen und mit unserer Sehnsucht nach Gott und wie geben wir ihr in unserem alltäglichen Tun einen Ausdruck? Was braucht es, um aus Gott zu leben, welche Hilfen dürfen und sollen wir dafür in Anspruch nehmen und wie wird unsere Gottesbeziehung zum Grund und zum Antrieb, unsere Welt zu verändern und ein Stück lebensfreundlicher zu machen?

Die Maria-Marta-Erzählung in Lk 10,38–42 bringt dieses Fragebündel narrativ auf den Punkt. Eine ganze Bibliothek spiritueller Traktate und Bücher ist durch die Jahrhunderte hindurch zu dieser Stelle geschrieben worden, um je nachdem Marta die Actio zuzuschreiben und Maria die Contemplatio und entweder die Actio Martas oder die Contemplatio Marias zu loben.[32] Worum aber geht es biblisch? Jesus ist bei den beiden Schwestern, mit denen er eng befreundet ist, mal wieder zu Besuch. Marta nimmt Jesus freundlich auf und wird so schon zu Beginn als Aktive gezeichnet, die versteht, die Dinge in die Hand zu nehmen. So bleibt es die gesamte Erzählung hindurch. Sie macht und tut. Sie spricht, bringt die unglückliche Situation ins Wort, dass Maria nur passiv dasitzt und zuhört, und beschwert sich bei Jesus. Erstaunlich für alle Umstehenden und späteren Leser*innen ist nun die Reaktion Jesu. Er, der wenige Verse vorher noch im Gleichnis vom barmherzigen Samariter (Lk 10,25–37) das Tun und Helfen, das Engagement über die engen Volks- und Religionsgrenzen hinweg verteidigt, ja eingefordert hat, lobt jetzt ausgerechnet Maria? Spätestens da müsste man als Interpretin aufhorchen und der vorschnellen Kategorisierung misstrauen, dass es bei der Maria-Marta-Erzählung um die Taxierung von Actio und Contemplatio als Beurteilung von Aktivität und Contemplatio geht. Jesus hebt in Lk 10,38–42 auf etwas anderes ab. Es geht um die Frage, was für jetzt das je Bessere ist und was jetzt nottut, um dem unfassbaren Gott Raum zu geben mitten in unserer Welt, in unserem Leben, im konkreten Tag. Das ist der Fragehorizont, den das Lukasevangelium seit dem 9. Kapitel aufgerichtet hat und in dem auch die Maria-Marta-Erzählung verortet ist. Wenn das aber klar ist, wenn deutlich geworden ist, dass wir je nachdem schauen müssen, was uns hilft, ganz nah und intensiv diesem Jesus nachzugehen, dann werden Fragen, wie viele Gebetszeiten, religiöse Praktiken und Engagements zu laufen haben, zwar nicht obsolet, aber zweitrangig. Die Maria-Marta-Erzählung hält diese tieferen Fragen wach, was in unserem konkreten Alltag der Fall sein muss, damit die Gottessehnsucht wachsen und unsere Welt so besser werden kann. Pedro Casaldáliga (*1928), der zu den wichtigsten Vertretern der Befreiungstheologie in Brasilien gehört, von den Brasilianer*innen liebevoll „Bischof des Volkes" gerufen wird und der nie müde wurde, sich für die Ärmsten der Armen einzusetzen, betet vor diesem Hintergrund so:

Nur besser
als der bessere Teil,
den Maria erwählte,
das schwierige Ganze.

Das Wort aufnehmen,
im Dienen sich geben.
Wachen in seiner Abwesenheit,
indem du schreist seinen Namen.
Sein Antlitz entdecken
in allen Gesichtern.

Das Schweigen verwandeln
in das Hören.
In Taten umsetzen
die Heiligen Schriften.

Streiten in Liebe.
Sterben fürs Leben,
kämpfen in Frieden …

Das schwierige Ganze,
das zu wählen verstand
die andere Maria.[33]

Von daher haben tägliche Gebetszeiten und gestaltete
Orte, an denen wir beten, ihren Sinn genauso wie die tausend Engagements, in denen wir uns einsetzen. Von daher ist es wichtig, dass wir das Gebet nicht zu einer priva-
tisierten Innerlichkeit verkommen lassen, sondern als
Stachel für den Einsatz für andere verstehen, besonders die
Armen und Ohnmächtigen. Es geht also nicht um eine
Opposition von Actio und Contemplatio, sondern darum,
die Tür zum Du aufzumachen, ja offenzuhalten, wie Lisa

F. Oesterheld in ihrem Gedicht formuliert. Die Tür zum Du meines Nächsten und die Tür zum Du Gottes:

Stille

Bresche
der Sehnsucht

mitten im Lärm

eine Tür
zum Du.[34]

Freilich gibt es hier Unterschiede. Es gibt Leute, die stundenlang meditieren können und dann auf der Demo gegen Rechts witzige Einfälle haben, die alten und neuen Nazis zu entlarven. Und es gibt die anderen, die zuerst die Transparente malen, alle möglichen Leute für die Demo aktivieren und während der Demo immer stiller und nachdenklicher werden und sich fragen, wo Gott hier ist.

Weil wir Menschen sind, die konkret leben, für die Sinne, Körperlichkeit, Orte und Zeiten eine Rolle spielen, ist es wichtig, den für mich richtigen Stil zu finden. Grundlegend bleibt dabei, die Gottessehnsucht nicht ständig zu vertagen, sondern sie zu inkarnieren, d. h., sie jetzig werden zu lassen, ihr einen konkreten Raum und eine konkrete Zeit zu geben. Das mag für die einen Menschen eher das Laufen, das Sprechen mit anderen, das Engagement in der Wärmestube sein; das mag für die anderen eher der Rückzug in einsame Zonen, mit sich allein, in die Berge oder an die See bedeuten. Wichtig ist: So vieldimensional, wie wir Menschen sind, so vieldimensional sind auch die Weisen, nach Gottes Du zu tasten. Die entscheidende Frage ist, sich darüber klar zu werden, was mein Stil ist und welche konkreten Formen mir helfen, in Gott und in mir und so bei den anderen zu sein.

Das sind sowohl Fragen, die alltäglich eingelöst werden wollen. Das sind aber auch grundlegende Fragen nach unserer Lebensform und unserem Lebensstil. Sind wir Menschen, die eher in der Zurückgezogenheit Gott finden oder in der Exponiertheit des Engagements, an den Sonntagen oder Werktagen, in den monastischen Spiritualitäten oder den franziskanisch-ignatianischen? Damit ist klar, dass es nicht um ein Entweder-Oder bei Actio und Contemplatio geht. Die Tür zum Du offenzuhalten, wofür in der Spiritualitätsgeschichte Contemplatio steht, drückt sich vielmehr *sowohl* in der Aktivität für die anderen aus *als auch* in der Offenheit für das Gebet. Ja, die Contemplatio ist die Wurzel für unseren aktiven Einsatz und unser auf Gottes und der Menschen Du ausgerichtetes Gebet.

Für die einen braucht es dazu mehr Rückzugszeiten und -orte, für die anderen mehr facettenreiches Engagement. Beides ist aber nie Selbstzweck. Sie zu gewichten ist vielmehr Ausdruck unseres je individuellen und konkreten Gottweges und *sowohl als auch* notwendig, wenn wir die Kraft zur Veränderung nicht verlieren wollen.

Wilhelm Bruners hat diese Verwiesenheit von Vergewisserung im Gebet und Exponiertsein im umstürzlerischen Engagement einmal so formuliert:

Rat

Verabschiede die Nacht
mit dem Sonnenhymnus
auch bei Nebel

hol dir die ersten
Informationen aus den
Liedern Davids

dann höre die
Nachrichten und lies
die Zeitung

beachte die Reihenfolge
wenn du die Kraft
behalten willst
die Verhältnisse zu ändern[35]

Für Franziskus stellte sich die Frage nach der Gewichtung von Rückzug und Engagement sehr ausdrücklich, als er plötzlich nicht mehr wusste, ob er weiterhin als Wanderprediger herumziehen und das Evangelium verkünden oder sich ganz in die Einsiedeleien begeben sollte, die er zuvor nur von Zeit zu Zeit aufgesucht hatte. Als die Frage immer quälender und unerträglicher wurde, holte er sich Rat bei seinen Freund*innen. Er schickte zu Klara und Bruder Silvester und bat beide, für ihn zu beten und ihm mitzuteilen, welche Antwort sie im Gebet gefunden hätten. Ohne voneinander zu wissen und übereinstimmend ließen sie Franziskus ausrichten, dass Gott wolle, dass er den Armen diene und als Wanderprediger das Evangelium verkünde (vgl. Fior 16, FQ 1371f.).

Auch wenn es vermutlich keine Engel sein werden, die uns die Entscheidung abnehmen, wie wir leben sollen, oder wie bei Franziskus das Gebet der Freund*innen die eindeutige Lösung bringen wird, so zeigt diese Erzählung, dass es wichtig ist, immer wieder die konkreten Formen im Blick zu haben, in der wir unsere Gottessehnsucht leben.

Es gilt, durchaus wach zu bleiben, wo sich Strukturen über das Eigentliche gestellt haben, wo der Stachel zur Veränderung erstickte, wo Actio und Contemplatio in Alternativen aufgelöst wurden. Die Tür zum Du offenzuhalten ist von daher eine für heute wohl passende Übersetzung für die Frage nach Actio und Contemplatio. Wichtig bleibt, die Welt zum Guten zu verändern und damit Gottes Du in unserer Welt erfahrbar zu machen.

Der heruntergekommene Gott – Deus semper minor

Es ist nicht erst heute so, dass der heruntergekommene Gott stört: die Empfindlichkeiten von Liturgen, die die goldenen Kelche dem nicht ganz sauberen Trinkbecher in der Flüchtlingsunterkunft vorziehen, die strukturversessenen Kirchenpotentaten, die lieber Unmengen von Geld für ihre Berater*innen ausgeben, als die Kitas und Pflegeheime von nebenan zu finanzieren, die amtsverliebten Kirchenfürsten, die ihre kostbaren rosa- und rotfarbenen Gewänder brauchen, um ihre innere Hohlheit und Zerrissenheit zu ummanteln. Der heruntergekommene Gott ist eben immer wieder und durch die Geschichte hindurch eine Provokation. Das war auch zur Zeit des Franziskus so. Die Kirche war zum größten Machtfaktor in der mittelalterlichen Welt aufgelaufen und holte sich ihre Legitimation über einen Gott, den sie ähnlich wie sich selbst in unerreichbare Fernen gerückt und mit herrscherlichen Insignien ausgestattet hatte. Die Kreuze zeigten keinen Leidenden, Gemarterten und vom Leid Gekrümmten, sondern einen Triumphator, der mit der Königskrone geschmückt und würdevoll gekleidet vom Kreuz herab regierte. Die Theologie hatte das ihrige dazu beigetragen, indem sie nur dem schönen Gott (Beau Dieu) und dem Gott, der größer nicht gedacht werden konnte (Deus semper maior des Anselm von Canterbury), zugestand, der wahre Gott zu sein. Wir wissen heute, wie fatal solche theologischen Vereinseitigungen sind und wie sehr sie dazu missbraucht wurden, alles Hässliche, jedes Scheitern, alle Armen und Ohnmächtigen an den Rand zu drängen, ja zu diskreditieren, weil sie als Gefährdungen des schönen Gottes gelesen wurden.

Der Gott Jesu Christi aber stört diese Triumphalismen und Herrscherallüren. Er zeigt sich im Gekreuzigten als Deus semper minor (Anton Rotzetter), als der immer kleinere Gott, der unseren Blick in eine andere Richtung lenkt als die nach oben. Er zwingt unseren Blick nach unten, auf staubige Sohlen:

fußwaschung

SEIN tun zwingt
den blick der seinen
nach unten

über ihre füße gebeugt
ihre staubigen sohlen
hofft er immer noch
ihre hohen träume
in sein knien
zu verwandeln

(Wilhelm Bruners)[36]

Immer wieder macht Jesus deutlich, dass es um die Armen geht, dass die Lahmen, Krüppel und Habenichtse seine Freund*innen sind. Das musste bei den Mächtigen von damals mindestens Skepsis hervorrufen. Und das ist heute nicht anders. Was aber könnten wir gewinnen, wenn wir die Blickrichtung wirklich umdrehten? Wenn nicht die Zentralperspektive, sondern die Peripherie vorgäbe, was wichtig ist? Franziskus und Klara haben diesem Blickwinkel von den Rändern her viel zugetraut. Sie hatten verstanden, dass jede und jeder, der dem heruntergekommenen Gott nahe sein will, sich in seinem eigenen Leben nicht in Palästen einhausen oder auf Kathedras – seien sie kirchlich noch so hoch angesehen – festsetzen kann. Unser Leben wäre dann wie ihres voll von Begegnungen mit Menschen, die es nicht so leicht haben. Unser Alltag wäre durchtränkt von Überlegungen, wie auch dem Unscheinbaren Wert zukommt. Unser Gebet wäre angefüllt von allen Facetten des Lebens, auch den schwierigen und leidvollen. Und unsere Welt würde die Menschen nicht mehr auf dem Altar der Gewinnsteigerung und Kosten-Nutzen-Maximierung opfern, sondern fragen, was die Dinge nützen, damit alle glücklich werden und besonders die, die es bislang schwer hatten. Das sind provokative Gedanken – stimmt! Aber ein heruntergekommener Gott wird sich nie beruhigen oder in noch so ausgetüftelte Systeme einfrieden lassen, sondern stören, beharrlich stören, heute auch.

Die Liebe ist alles – das große „Du-Gebet" des Franziskus

Sosehr der heruntergekommene Gott bestimmt, wohin wir schauen und was und wem wir in unserem Leben den Vorrang geben, so ist das Kreuz Jesu kein Aufruf, sich in

morbiden Lebensumständen einzunisten. Es geht nicht
darum, das Kreuz zu suchen, sich also das Leben zu versagen, sondern am Kreuz zu bemessen, was und wer zum
Leben gehört. Deshalb ist das Kreuz auch nicht das Letzte,
sondern der Kreuzungspunkt, an dem sich unser Leben
entscheidet. Für Franziskus war das eine prägende Erfahrung, die ihn bis in seinen Leib hinein zeichnete. 1224,
also nur zwei Jahre vor seinem Tod, hatte er sich wieder
einmal auf den La Verna begeben. Dieses Bergmassiv in
der Nähe von Arezzo, das ihm Graf Orlando geschenkt
hatte, war ihm und Leo zum geliebten Rückzugsort geworden. Gezeichnet von den schwierigen Entwicklun-
gen in der Brüderschaft, nicht mehr wissend, ob sein Weg
überhaupt noch einen Sinn hat, fühlt er sich gottverloren
und einsam. Da ist niemand mehr und nichts. Doch plötzlich bricht es aus ihm heraus. Franziskus weiß sich selbst
zutiefst gemeint. Da ist jemand, der ihn durchdringt, mit
seiner ganzen Gestalt durchformt und sich ganz in ihn
hineinschreibt. Die Tradition wird dies später als Stig-
matisation deuten (vgl. 3 C, FQ 427). Der Gekreuzigte
ist für Franziskus nicht mehr nur Gegenüber geblieben,
sondern hat ihn so sehr geprägt, dass es Franziskus sinnen-
fällig anzusehen war, wer sein Innerstes erfüllt. Und da
strömt es dann auch aus ihm heraus. Er wird nicht mehr
müde, Gott als Du anzureden (vgl. LobGott, FQ 37f.).
Litaneiförmig reiht er Du-Anrufung an Du-Anrufung,
nicht nur eine oder zwei, sondern endlos fast, wiederho-
lend, immer wieder neu, weil das Unendliche das Nie-
Aufhörende braucht. Da ist kein Stillstand mehr, kein
Einfrieren auf nur ein Einziges. Da ist vielmehr alles und
alles gleichzeitig, weil die Liebe kein Maß kennt, sondern
überfließt, immer wieder neu den anderen sucht und nie

an ein Ende kommt. Dass die Liebe alles ist, das findet im großen Du-Gebet des Franziskus einen Ausdruck und sucht auch in unserer Zeit, in unserer Sprache nach Worten. Kein Wunder, dass Dichter*innen und Beter*innen aller Zeiten nicht müde werden, Du, Du, Du zu sprechen und Gott in allem zu finden.

Du
in allem Du
Du in mir
ich in Dir
Du

Du, mir innerlicher
als ich es mir sein könnte
Du, näher mir
als ich es fassen kann
Du

Du, der immer Andere
und doch Dieselbe
Du vor allem Anfang
und über jedes Ende hinaus
in jedem Augenblick
Du

Du, all mein Reichtum zu Genüge
mein ganzes Glück, Du allein
in Dir und durch Dich Lebensfülle
Du
immer Du
Du

(Elisabeth Wöhrle sf)

Die Verbundenheit mit dem Du Gottes ist dann auch das Grundlegende, Eigentliche und Tiefste unserer Gottesbeziehung. Wenn wir uns zur Meditation hinsetzen, mitten im alltäglichen Kleinkram den Kopf heben, beim Vorbeilaufen am tausendsten Passanten ein Gesicht aufleuchten sehen, auch wenn wir es gar nicht kennen, dann können dies Formen sein, diese Du-Erfahrung zu erleben. So wie die Liebe auch, lässt sie sich nicht machen oder gar automatisieren. Sie wird aber geschenkt, und das ist viel besser als alles andere, weil sie dann alles ist, innen und außen, Bleiben und Zerrinnen, Vergangenheit, Gegenwart und Zukunft. Da braucht es nichts anderes mehr.

Meditation

Du bist
mein Vers
du bist
mein Lied
du bist
was wird
und was geschieht

du bist
was war
du bist
was pulst
bist meine Hoffnung
und Geduld

du bist
mein Innen
bist mein Außen

du bist
mein Bleiben
mein Zerrinnen

du bist
im Kleinsten
bist im Nahen
bist unbegrenzt
und ohne Maßen
du bist – du liebst

(Lisa F. Oesterheld)[37]

4. Alltagstaugliches Beten – Gebet praktisch

Nach dem facettenreichen Panorama, das das Gebet auf-
spannt, und den biblischen Vergewisserungen, die im Leben von Franziskus und Klara auf ganz eigene Weise weitergeschrieben wurden, stellt sich die Frage, wie auch wir
der Gottsuche einen konkreten Ausdruck geben können.
Wie geht Beten, so könnte man auch formulieren, und
zwar so, dass es für den Alltag taugt und den Alltag tauglich macht?

Im Folgenden geben wir eine kleine und damit be-
grenzte Auswahl von Gebetspraktiken, die uns liebge-
worden sind, die durch die franziskanische Spiritualität
inspiriert sind und uns helfen, immer mehr an den Gott
mitten unter uns zu rühren. Schauen Sie am besten selbst,
ob Sie etwas und was Sie finden können, das zu Ihrem Leben passt.

Atmen ist mein Beten – auch für Religions-
distanzierte gedacht

Der Atem ist etwas vom Selbstverständlichsten unseres
Lebens und zugleich vom Unergründlichsten. Wir atmen
ohne unser Zutun, meistens merken wir es gar nicht, dass
wir atmen. Laufend atmen wir, ein und aus, immer wieder
neu, automatisch fast. Wir könnten auch sagen, dass *es* in
uns atmet. Und trotzdem ist der Atem das Vitalste, Aktivste
in uns. Genauso richtig ist es zu sagen: Der Atem setzt ein
oder auch aus wie „Ich atme". Wenn der Atem versagt, sterben wir; und wie schmerzlich ist es, diesen letzten Atemzug
eines geliebten Menschen miterleben zu müssen.

Von daher wundert es nicht, dass die Spiritualitätsgeschichte den Atem (spiritus) in eins liest mit dem Geist

Gottes (ebenfalls spiritus) und ihn als Brücke Gottes zu uns und unsere Brücke zu Gott interpretiert. Gott will uns in seinem Geist anrühren, aufwecken und „inspirieren", seinem Du zu trauen. Aber selbst wenn man sich nicht als gläubig versteht, rührt der Atem an unser Tiefstes und wirft Fragen auf, die an die Grenze des Vorfindlichen und darüber hinaus führen: Wie kommt es, dass wir so wenig über den Atem verfügen, ein paar Sekunden höchstens, vielleicht noch eine Minute, länger aber kaum? Wer atmet da eigentlich? Ich oder ein anderer in mir?[38]

Der Atem ist wie eine gute Freundin, ein guter Freund, der uns spiegelt, wie es um uns steht. Unsere Sprache verrät dazu vieles: Gehetzt am Bahnsteig anzukommen, um den Anschlusszug doch noch zu erreichen, macht uns atemlos. Wir sind außer uns. Wieder in Ruheposition, müssen wir den verlorenen Atem mühselig nachatmen, um langsam wieder zu uns zu kommen. Wenn wir schlafen, ändert sich unser Atmen ebenso. Die Phasen des Ausatmens werden länger, die Bauchatmung setzt ein, und dieses tiefe Atmen entspannt nicht nur die Muskeln, sondern auch den Geist. Einen langen Atem zu haben ist nicht nur eine physiologische Aussage und Zeichen sportlicher Konstitution, sondern steht für jemanden, der nicht aufgibt, an Dingen dranbleibt, auch Mühseligkeiten in Kauf nimmt und Schritt für Schritt den Weg meistert. Atmen führt ins Jetzt.

Der Atem ist Seismograph und Ausdruck für unsere inneren Bewegungen und zugleich Weg in unser Innerstes hinein. Sich dem Atem anzuvertrauen ist damit die wohl grundlegendste Form des Betens – für Gläubige genauso geeignet wie für Menschen, die sich als ungläubig bezeichnen. Um die Kraft des Atems zu spüren, das

Spiel von Einatmen, Verweilen und Ausatmen zu verinnerlichen, ist es anfangs hilfreich, einen guten Sitz zu finden, ob auf dem Stuhl oder der Meditationsbank. Ich werde ruhig und achte auf den Atem. Ich nehme wahr, wie der Atem kommt, mich erfüllt und wieder geht. Das geschieht immer wieder neu: Kommen – Verweilen – Gehen. Es kann zunächst irritieren, wenn wir das bewusste Atmen mit der Kontrolle über den Atem verwechseln. Allmählich, Atemzug um Atemzug aber wird sich dieses Wechselspiel wie von selbst einstellen. Es wird spürbar, dass der Atem, obwohl so sehr unser eigener, auch etwas verdanktes Anderes ist. Atmend steige ich so immer tiefer. Atemzug um Atemzug, Schritt für Schritt wie auf einer Wendeltreppe, die nach unten führt, komme ich dorthin, wo Gott schon lange auf mich wartet. Und so atme ich ein, verweile und atme ich aus in Gottes Gegenwart und brauche nichts mehr, weil da Gott ist und der Atem und ich und die ganze Welt darin.

Braucht es anfangs noch die Übung des Atmens, wird sich mit der Zeit das nach innen führende Atmen wie von selbst einstellen. Zu atmen und sich so auf Gottes Du auszurichten ist überall und jederzeit möglich. Dann kann es sein, dass es gar nichts anderes mehr braucht. Es genügt das Einatmen und das Ausatmen, die Anspannung und das Lassen, das Konzentrieren und Verschenken. Und vielleicht geht es uns dann so, wie es Kurt Marti in folgendem Gedicht beschreibt:

Mein Atem geht –
was will er sagen?

Vielleicht:
    Schau! Hör! Riech! Schmeck! Greif! Lebe!
Vielleicht:
    Gott atmet in dir mehr als du selbst.
Und auch:
    In allen Menschen, Tieren, Pflanzen atmet Er
                             wie in dir.
Und so:
    Freude den Sinnen!
    Lust den Geschöpfen!
    Friede den Seelen![39]

Den Alltag beten – Strukturen, Orte, Zeiten

Damit der Alltag immer mehr zum Ort und „Stoff" des Betens wird, ist es hilfreich, sich Zeiten des Gebets zu reservieren und entsprechende Orte zu bereiten. Das ist beim Beten ähnlich wie mit dem Essen. Über den Tag verteilt, nährt es besser und macht uns ausgeglichener. Das richtige Maß und den geeigneten Rhythmus zu finden ist freilich hier wie dort eine hohe Kunst. Für uns ist die morgendliche Meditation eine wichtige Zeit geworden. Stille, in der nichts sein muss, absichtsloses Einfinden in der Gegenwart Gottes, das noch nicht von den Tages-to-do-Listen überformt ist, lässt bei sich selbst ankommen und aufmerksam werden für den Tag. Mittags dann den Alltag für eine kurze Zeit zu unterbrechen hilft den Kopf über den eigenen Tellerrand zu heben und die

Dinge wieder in die richtige Wichtigkeit zu rücken. Ob dies eine Zeit des Still-Dasitzens und Verweilens ist, ein Alltagsweg, der ohne große Gedanken im Kopf einfach so und absichtslos vor den nächsten Termin eingeschoben wird, ein kurzes und bewusstes Ein- und Ausatmen, hängt von individuellen Vorlieben und Alltagsnotwendigkeiten ab. Am Abend dann dem Tag nochmals eine Vergewisserung im Gebet geben und am Bettrand das Danke und Bitte sprechen, den Seufzer oder den leisen Jubel atmen – die Möglichkeiten sind vielfältig, das Gebet in den Alltag einzubauen. Entscheidend ist der Rhythmus des Immer-wieder-Einkehrens, Anhaltens und Innewerdens bei Gott.

Obwohl wir in den Kirchen mit dem sog. Stundengebet eine reiche Tradition pflegen, den Alltag einzutauchen in Gott, sind der Umfang und oft auch die Textauswahl für uns Heutige so fremd, dass sie für viele keine Hilfe mehr darstellen. Von daher gilt auch hier: Weniger ist oft mehr. Es müssen nicht gleich 30 Minuten Meditation sein, wenn der Morgen sowieso schon überfrachtet ist und der erste Termin am Tag mächtig hereindrängt. Die Versuchung ist dann groß, die Gebetszeit wegzulassen, anstatt mir zumindest fünf Minuten zu gönnen, in denen vielleicht nichts anderes passiert als: dasitzen, atmen, Du, danke und bitte. Fünf Minuten lang den Tag so beginnen macht Frieden in uns und um uns herum. Das gilt auch für die Auswahl der Orte: So gut es tut, bestimmte Orte für das Gebet einzurichten, sich in Kirchen und Meditationsräumen einzufinden, so reicht auch eine Türschwelle, die, bewusst wahrgenommen, einen Raum des Betens auftut. In unseren zum Glück barrierefreien Räumen gibt es solche ausgeprägten Türschwellen meistens nicht mehr. Aber

von einem Raum bewusst in einen anderen zu wechseln,
bevor ich klopfe und die Türe öffne, mich nochmals bei
Gott einfinden, die Menschen, denen ich gleich begegnen werde, Gott anempfehlen – all das ist gut genug für
das Beten, ja ein guttuendes Beten.

Aufrecht beten – Aufrichtig leben

Gebetsgebärden gut zu wählen ist wichtig. Es macht eben
etwas mit uns, ob wir aufgeregt von einem Ort zum anderen hetzen, flanieren, sitzen, stehen, liegen oder knien.
Von daher tut es gut, unterschiedliche Gebetsgebärden
auszuprobieren. Da ist das Stehen. Sich aufrecht hinzu-
stellen, der eigenen Körpergröße Raum zu geben hat etwas mit Vergewisserung zu tun und mit Positionierung.
Ich bin eben so groß, wie ich bin, und keinen Zentime-
ter kleiner oder größer. Ich stehe hier(zu) und positioniere
mich eben nicht dort. Das ist auch eine Begrenzung, weil
es mir vor Augen führt, dass ich nicht überall gleichzeitig
sein kann, aber zugleich eine Entlastung, weil ich mir sagen darf, dass es reicht, wenn ich hier bin und nicht auch
dort. Aufrecht dazustehen vor Menschen, vor Gott, vor
mir selbst ist manchmal gar nicht so leicht, weil dann auch
die eigenen Unzulänglichkeiten in voller Größe und Breit-
seite sichtbar werden. Aber gerade dazu lädt uns Gott ein.
„Stell dich auf die Füße, Menschenkind. Ich will mit dir
reden", heißt es in Ez 2,1 und meint damit den Prophe-
ten, der sich aufrichten soll, weil Gott ihn von Angesicht
zu Angesicht, als Gegenüber anspricht und mit Würde ausgestattet hat. Aufgerichtet zu werden, um dann aufrecht da
zu sein, erlaubt, aufrichtig zu leben. Da muss nichts Ver-

stelltes, Geheucheltes, Verkehrtes mehr sein. Da darf ich mich zeigen und zumuten. Deshalb ist das Stehen zu üben ein guter Anfang, um ins Beten zu kommen. Dieses Aufrechtsein kann ich dann auch in das Dasitzen übernehmen. Ich sitze aufrecht, so dass der Atem frei fließen kann. Das Einatmen richtet mich Stück für Stück, Wirbel für Wirbel auf; und im Ausatmen knicke ich nicht ein, sondern schenke mich selbst in der vollen Größe, die mir zu eigen ist, an die anderen und Gott weiter.

Das gilt auch für das Knien als der wohl missbrauchsanfälligsten Gebetsgebärde, die wir haben. Aufrecht zu knien, meine Knie vor dem Kind zu beugen, das auf mich zukommt, und mich vor dem Obdachlosen hinzuknien, damit ich sein Gesicht sehe, wenn ich etwas in die Dose werfe, lässt wachsen und macht groß. Es gibt aber auch ein unterwürfiges, ja falsches Knien. Keine Macht auf Erden und sei sie noch so (kirchlich) legitimiert, ist groß genug, um Menschen in die Knie zu zwingen. Eine Gebetszeile von Rabindranath Tagore (1861–1941) mag hier ein unterscheidendes Wort beisteuern: „Gib mir die Kraft, die Armen nie zu verleugnen und meine Knie vor fremder Macht nicht zu beugen." Es geht bei den Gebetsgebärden, so vielfältig sie sind, immer darum, mich mitten in meinem Körper und mit meinem Körper auszustrecken auf Gott und seine Welt, nicht aber auf fremde und falsche Mächte.

Jetzt, jetzt, jetzt – Das Herzensgebet

Eine der großen Fragen zu Gebetspraktiken ist diejenige, welche Zeit die beste für das Beten ist. In der Bibel finden sich darauf sehr einfache Antworten: immer und jetzt. Beten ist, wie nun schon oft betont wurde, nicht für bestimmte Zeiten und Orte reserviert, auch wenn es sinnvoll ist, konkrete Gebetszeiten und -orte zu haben. Beten ist etwas, das immer, ununterbrochen stattfindet (vgl. Lk 18,1–8; 1 Thess 5,17). Wie aber geht das? Beschäftigt mit tausend Dingen, kann man nicht zugleich beten. Stimmt! Wenn Beten reden meint. Wenn Beten aber Ausdruck für die Beziehung von Gott und mir ist, dann ist es immer präsent und möglich. In der östlichen und westlichen Spiritualitätsgeschichte haben sich ganz unterschiedliche Formen ausgebildet, um dieses „Immer" in den Alltag hineinzuschreiben.[40] Eine davon ist das Herzensgebet. Sie geht zurück auf die ruminatio der Wüstenmütter und -väter, die ein Wort, das ihnen kostbar geworden ist, immer und immer wieder wiederholten. Sie durchwalkten die Worte sozusagen, kauten sie wieder – so der ursprüngliche Wortsinn –, bis die Worte gar nicht mehr bewusst gesprochen werden mussten, um präsent zu sein. Das Ur-Wort des Herzensgebets findet sich im Ruf des blinden Bartimäus in Mk 10,47. Dort heißt es: Jesus, Sohn Davids, erbarme dich meiner. Die Worte werden mit dem Fluss des Atems gesprochen. Beim Einatmen: Jesus, Sohn Davids; in der Atempause: verweilen beim Namen; beim Ausatmen: erbarme dich meiner. Genauso gut können andere, vielleicht vertrautere Worte, gewählt werden: Du in mir – ich in Dir; oder nur Du – in mir; oder nur noch Du – Du, wie beim großen Du-Gebet des Franziskus, dem Du-Gebet Martin Bubers oder wie Rose Ausländer (1901–1988) dichtet:

Wort an Wort

Wir wohnen
Wort an Wort

Sag mir
dein liebstes

Freund
meines heißt

DU[41]

Beim Herzensgebet ist die Wahl der Worte zwar nicht unwichtig – die Worte, die wir sprechen, prägen uns auch –, aber es kommt im Grunde nicht auf das laute oder unbewusste Artikulieren an, sondern darauf, mit den Worten auf deren Grund zu wandern. Anders gesagt, sind die Worte wie eine Wendeltreppe, die in die Tiefe führt, wo nur noch das Jetzt, Jetzt, Jetzt gilt. Das Herzensgebet ist deshalb auch eine Gebetsweise, die Gegenwart als wichtigste Zeit zu schätzen. Weder die Vergangenheit, die mir nicht mehr gehört, noch die Zukunft, die noch nicht die meine ist, sondern die Gegenwart ist die Zeit, in der mich Gott je neu, ganz unmittelbar sucht. Es mag einen Versuch wert sein, beim Warten an der Bushaltestelle mit dem Wiederholen dieser guten Worte zu beginnen und sich überraschen zu lassen, was geschieht.

Die Welt von innen her hören – Meditieren

Ludwig van Beethoven (1770–1827) muss ein schwieriger Mensch gewesen sein. Jähzornig, selbstversessen, nörglerisch, wie er war, wollte niemand mit ihm näher zu tun haben. Und doch hat er eine Musik geschrieben, die alle Höhen und Tiefen unseres Menschseins nicht nur kennt, sondern auf eine Art zum Klingen bringt, dass auch der Unmusikalischste davon nicht unberührt bleiben kann. Wie schlimm muss es für einen solchen ganz auf das Hören ausgerichteten Menschen gewesen sein, das Gehör immer mehr zu verlieren. Bereits mit 28 Jahren setzte seine Schwerhörigkeit ein, mit 32 war er so gut wie taub und wenig später konnte er überhaupt nichts mehr hören. Die Taubheit isolierte Beethoven von den Menschen, aber nicht von der Musik. Er komponierte weiter und schrieb so berühmte Stücke wie die Missa solemnis (Op. 123) oder die 9. Sinfonie (Op. 125), deren Strophen zum Repertoire jedes guten Schulchors gehören, in absoluter Taubheit. Das war möglich, weil er die Dinge von innen her hörte. Er empfand die Musik in seinem Innern, erlauschte sie tief in sich, formte sie weiter und schrieb sie nieder, so dass wir sie auch heute noch hören können. Meditieren geht genauso. Es geht darum, die Welt von innen her zu hören, nicht mehr abgelenkt durch äußere Eindrücke oder absichtliches Wollen, werde ich aufmerksam für das, was ist. Es geht nur noch um das Lauschen. Um ins Lauschen zu kommen – das letztlich freilich nicht gemacht werden kann, sondern sich einstellt –, ist das Einfinden, das Atmen und Verweilen, das Sammeln in der Gegenwart Gottes wichtig. Die äußeren Sinne werden leiser, die inneren Bewegungen bekommen Raum. Ich atme und horche und lausche und warte absichtslos, was wird. Wenn Gedanken mich aus der Gesammeltheit fortziehen wollen, hole ich sie über ein innerlich gesprochenes Wort wieder zurück in Gottes Gegenwart und lasse sie dort verweilen.

Dieses Lauschen, das die Welt von innen her hört, ist etwas sehr Waches, Aufmerksames und Lichtes. Es ist nicht an der Vergangenheit interessiert noch an der Zukunft. Das immer neue Jetzt ist seine Zeit. Von daher wohnt es so nah an der Ewigkeit.

Gebet der liebenden Aufmerksamkeit auf Franziskanisch

Das Gebet der liebenden Aufmerksamkeit wurde prominent durch das Exerzitienbuch des Ignatius von Loyola (1491–1556). Als Skrupulant, der Ignatius war, empfahl er denen, die Exerzitien machen, ganz genau, Stunde für Stunde durchzugehen, jeden kleinen Fehler zu markieren und dann von Neuem anzufangen (Exerzitienbuch 25f). Dass das eher krank als heil macht, haben seine Mitbrüder schnell erkannt und die Gewissenserforschung als Innehalten vor Gott gedeutet, um das eigene Leben, auch mit allen Schattenseiten, in Gottes Gegenwart zu stellen. So verstanden, wird dieses Gebet zur kostbaren Perle und hilft, den Alltag als meine Geschichte mit Gott zu verstehen. Inspiriert durch die franziskanische Spiritualität, haben wir das Gebet der liebenden Aufmerksamkeit in folgende Schritte konkretisiert: Innehalten – Staunen – Danken – Bitten – Anvertrauen.

Es geht um eine Zeit des *Innehaltens,* ob am Morgen, mittags, abends oder besonders gut vor dem Einschlafen. Der Atem hilft, bei mir anzukommen, mir Gottes Gegenwart bewusst zu werden und meinen inneren Blick wohlwollend und nicht verurteilend über den Tag streifen zu lassen. Indem ich den Tag so durchgehe, nehme ich *stau-*

nend wahr, was heute war. Die großen und unscheinbaren Dinge, die außerordentlichen und gewöhnlichen Begegnungen werden nochmals er-innert, bekommen einen Ort und bringen ins *Staunen* über die Fülle, die Besonderheit und oft auch Kläglichkeit meines Tages. Ich *danke* für das Gute, das mir heute zufiel. Der freundliche Gruß, mit dem ich morgens im Büro begrüßt wurde, die Mail, in der sich ein Student für das Gespräch letzte Woche bedankt, die Chance, doch noch zum Essen gekommen zu sein, obwohl der durchgetaktete Tag es eigentlich nicht erlaubt hätte … Ich *bitte* für all das Offene und Ungeklärte, für die Menschen, von deren Not ich weiß, für die Arbeit, die herausfordert, für unser Zusammenleben, das gute Zeiten und vertrauensvolles Hören aufeinander braucht. Ich stehe da mit vielen Fragen, mit Sorgen und auch mit Angst und behalte sie nicht bei mir, sondern *anvertraue* sie Gott, der um alles weiß, mich zutiefst kennt und mir und allen und allem gut will. Das lässt mich getrost schlafen und dem neuen Tag vertrauen.

Gehen – Von Übungsformaten für das Aufbrechen

Gehen will gelernt sein. Damit sind nicht die ersten Schritte eines Kindes gemeint oder der mühevolle Anfang nach einer Beinverletzung: Gehen, ohne zu fliehen, gehen und sich dabei finden, braucht Übung. Wer sich schon einmal zu Fuß auf lange Wege begeben hat, ob auf den Berg, den Camino nach Santiago oder den Franziskusweg nach Assisi, weiß, was gemeint ist. Lange Wege zu gehen oder beim Joggen den richtigen Takt zu finden verändert uns auch selbst. Da interessiert nicht mehr das Schritte-Setzen, auch nicht das Ziel oder die herausgelaufene Zeit; da geht es um das Gehen. Lange Wegstrecken sind Sinnbilder für die großen Wege unseres Lebens und die wichtigen Entscheidungen, die wir zu treffen haben. Weil diese großen Wege nicht immer möglich (und nötig) sind, aber vorbereitet und eingeübt werden wollen, braucht es Übungsformate. Solche können das Spaziergehen sein oder der Alltagsweg, der bewusst als Zwischenweg genutzt wird, um den Kopf auszuhängen und ins Gehen zu kommen, bis es selbst in uns geht.

Diese Übungs- und Alltagsformate des Gehens sind enorm wichtig. Sie lehren uns aufzubrechen aus Gewohntem, uns nicht festzusetzen, dem Körper zuzutrauen, dass er Wege findet, die uns weiterbringen. Dorothee Sölle (1929–2003), die nicht müde wurde, die Gottprofis aus deren Einhausungen herauszurufen und anzutreiben, wieder das lebendige Wort Gottes zu verkünden, schrieb dazu einmal Folgendes:

Lass uns Gehende bleiben

Lass uns Gehende bleiben.
Wir sind nicht ganz zu Hause auf dieser Welt.
Wenn wir pilgern, sind wir nicht allein.
Du gehst mit.
Du bist dabei.
Wir sind unterwegs mit Dir, Gott,
unterwegs durch Dunkel und Nässe,
unterwegs durch Nebel und Wolken,
unterwegs oft ohne Weg,
unterwegs nicht selten ohne Ziel.
Wir sind Gehende.
Wir sind Wanderer durch Raum und Zeit.

Wir sind noch nicht ganz angekommen.
So wandere mit uns, Gott,
und lehre uns das Gehen
und das Suchen und das Finden.[42]

Anstelle eines Schlusses: Ungebet

Dieses Buch wollte zeigen, dass Beten eine tiefe und lebendige Quelle für unser Leben sein kann. Immer wieder einzukehren bei sich und Gott, die Welt von innen her zu hören lässt manche Wichtigkeiten auf ihr Normalmaß schrumpfen und weckt den Geist des Widerstands, wo sich Ungerechtigkeiten eingeschlichen haben und Menschen – auch in unserem Alltagsradius – nicht die Würde erfahren, die ihnen zusteht. Im Grunde ist das Beten nämlich eine der subversivsten Kräfte, die es gibt. Es wendet uns immer wieder auf den hin, der der Grund und die Lebendigkeit von allem ist; und es wendet uns den Menschen zu, mit denen wir leben und für die wir leben. Damit ist klar, dass Beten, wenn auch oft mühselig, nie Leistung sein kann. Deshalb wollen wir dieses Buch über die Suche nach alltagstauglichem Beten mit einem Gedicht von Kurt Marti beschließen. Marti hat es mit Ungebet betitelt. Ihm ist das Augenzwinkern anzusehen, mit dem nicht nur das Gedicht geschrieben, sondern auch das Gebet so treffend bezeichnet wird.

Ungebet

Da du alles schon weißt,
mag ich nicht beten –
Tief atme ich ein,
lang atme ich aus
Und siehe: du lächelst[43]

Anmerkungen

1 Vgl. Schweitzer, Friedrich/Wissner, Golde/Bohner, Annette u. a., Jugend – Glaube – Religion. Eine Repräsentativstudie zu Jugendlichen im Religions- und Ethikunterricht, Münster/New York 2018, 21f.

2 Domin, Hilde, Es kommen keine nach uns, aus: dies.: Sämtliche Gedichte, © S. Fischer Verlag GmbH, Frankfurt a. M. 2009, S. 64.

3 Bruners, Wilhelm, Niemandsland. Gott. Gedichte und Meditationen, Innsbruck 2015, 37.

4 Aus: Schwarz, Andrea, Wie ein Gebet sei mein Leben. Ein Impuls-Tage-Buch zum Lesen und Schreiben. © Patmos Verlag, Verlagsgruppe Patmos in der der Schwabenverlag AG, Ostfildern 2020. www.verlagsgruppe-patmos.de.

5 Delp, Alfred, Brief an Luise Oestreicher vom 17. November 1944, in: Bleistein, Roman (Hg.), Alfred Delp. Gesammelte Schriften, Bd. IV: Aus dem Gefängnis, Frankfurt a. Main 1985[2], 26.

6 Bachl, Gottfried, „Mailuft und Eisgang". 100 Gebete, Innsbruck 1998, 31.

7 Rilke, Rainer Maria, Das Stundenbuch. Enthaltend die drei Bücher: Vom mönchischen Leben/Von der Pilgerschaft/Von der Armut und vom Tode, Frankfurt a. M. 1972, Kap. 11.

8 Oesterheld, Lisa F., Gottesschimmer. Geistliche Gedichte, Würzburg 2016, 82.

9 Vgl. Schneider, Michael, Aus den Quellen der Wüste. Die Bedeutung der frühen Mönchsväter für eine Spiritualität heute, Köln 1989[5], 92–96.

10 Zu finden im Eingangsportal der Augustinerkirche in Würzburg.

11 Aus: Gernhardt, Robert, Später Spagat. Gedichte, © S. Fischer Verlag GmbH, Frankfurt a. M. 2006, 19.

12 Bachl, Gottfried, „Mailuft und Eisgang". 100 Gebete, Innsbruck 1998, 63.

13 Bachl, Gottfried, „Mailuft und Eisgang". 100 Gebete, Innsbruck 1998, 60.

14 Rachl, Sabine, mit freundlicher Genehmigung der Autorin.

15 Bachl, Gottfried, „Mailuft und Eisgang". 100 Gebete, Innsbruck 1998, 47.

16 Marti, Kurt, Die Liebe geht zu Fuß © 2018 Nagel & Kimche in der MG Medien-Verlags GmbH, Haar, 104.

17 Stier, Friedolin, Vielleicht ist irgendwo Tag. Die Aufzeichnungen und Erfahrungen eines großen Denkers, Freiburg i. Br. 1983², 308.

18 Sölle, Dorothee, Was ist Theopoesie?, in: Szagun, Anna-Katharina (Hg.), Erfahrungsräume: Theologische Beiträge zur kulturellen Erneuerung, Münster 1999, 31–35, hier 31–33.

19 Jandl, Ernst, Werke in 6 Bänden (Neuausgabe), hg. von Klaus Siblewski © 2016 Luchterhand Literaturverlag, München, in der Verlagsgruppe Random House GmbH.

20 Bruners, Wilhelm, Verabschiede die Nacht. Gedichte – Erzählungen – Meditationen – Biblisches, Düsseldorf 1999, 21.

21 Teresa von Avila, Buch der Gründungen, vollständige Neuübertragung. Übersetzung, Einleitung: Dobhan, Ulrich/Peeters, Elisabeth, (= Gesammelte Werke 5), Freiburg i. Br. 2014², 7.

22 Delbrêl, Madeleine, Gott einen Ort sichern. Texte – Gedichte – Gebete, ausgewählt, übersetzt und eingeleitet von Annette Schleinzer (Topos Taschenbücher Band 1122) © Matthias Grünewald Verlag der Schwabenverlag AG, Ostfildern, 5. aktualisierte Auflage 2018. www.verlagsgruppe-patmos.de.

23 Bruners, Wilhelm, Verabschiede die Nacht. Gedichte – Erzählungen – Meditationen – Biblisches, Düsseldorf 1999, 27.

24 Bruners, Wilhelm, Gottes hauchdünnes Schweigen. Auf seine Stimme hören, Würzburg 2019, 45.

25 Vgl. Schambeck, Mirjam, Biblische Facetten. 20 Schlüsseltexte für Schule und Gemeinde, Ostfildern 2017, 123.

26 Barrett Browning, Elizabeth, The Poetical Works, New York 1910, 134 (eigene Übersetzung).

27 Bruners, Wilhelm, „Zuhause in zwei Zelten". Gedichte und Reflexionen. Ein spirituelles Lesebuch. Mit einer Einführung von Karl-Josef Kuschel, Innsbruck 2017, 19.

28 Inspiriert durch Ausführungen von Wilhelm Bruners, in denen er eine rabbinische Tradition zitiert, Israel habe am Sinai nur einen „Knacklaut" gehört, alles Weitere sei Interpretation.

29 Oesterheld, Lisa F., Gottesschimmer. Geistliche Gedichte, Würzburg 2016, 75.

30 Vgl. Hertz, Joseph Herman, Pentateuch und Haftarot, Bd. 2 Exodus, Basel/Zürich 1995 [Berlin 1937/38], 389.

31 Vgl. Dohmen, Christoph, Exodus 19–40 (= HThK AT 40), Freiburg i. Br. 2004, 348f.

32 Vgl. Schambeck, Mirjam, Contemplatio als Missio. Zu einem Schlüsselphänomen bei Gregor dem Großen (= Studien zur systematischen und spirituellen Theologie 25), Würzburg 1999, 310–336.

33 Casadáglia, Pedro, Auf der Suche nach dem Reich Gottes. Eine Anthologie, Wien/Klagenfurt 1989, 248f.

34 Oesterheld, Lisa F., „Hymne ans Leben". Gedichte, Würzburg 2019, 12.

35 Bruners, Wilhelm, Verabschiede die Nacht. Gedichte – Erzählungen – Meditationen – Biblisches, Düsseldorf 1999, 26.

36 Bruners, Wilhelm, Niemandsland. Gott. Gedichte und Meditationen, Innsbruck 2015, 89.

37 Oesterheld, Lisa F., Gottesschimmer. Geistliche Gedichte, Würzburg 2016, 17.

38 Vgl. Kermani, Navid, Gott-Atmen. Goethes Religionen, in: Golz, Jochen/Meier, Albert/Zehm, Edith (Hg.), Goethe-Jahrbuch 130, Göttingen 2013, 23–42.

39 Mit Genehmigung des Radius-Verlags entnommen aus: Kurt Marti: Urgrund Liebe. Klagen Wünsche Lieder © 2004 by Radius-Verlag, Stuttgart.

40 Vgl. Jungclaussen, Emanuel (Hg.), Aufrichtige Erzählungen eines russischen Pilgers, Freiburg i. Br. 2014[19]; Jungclaussen, Emanuel/Ware, Kallistos, Hinführung zum Herzensgebet, Freiburg i. Br. 2006[2].

41 Aus: Ausländer, Rose, Im Aschenregen die Spur deines Namens. Gedichte und Prosa 1976, © S. Fischer Verlag GmbH, Frankfurt a. M. 1984, S. 107.

42 Von Dorothee Sölle vorgetragen auf dem Kirchentag in Stuttgart 1999, mit freundlicher Genehmigung von Fulbert Steffensky.

43 Marti, Kurt; mit freundlicher Genehmigung der Kurt Marti-Stiftung.

Zum Weiterlesen

Amichai, Jehuda, Wie schön sind Deine Zelte, Jakob. Gedichte, Zürich 1998.

Ausländer, Rose, Denn wo ist Heimat? Gedichte, Frankfurt a. M. 2010[4].

–, Gelassen atmet der Tag. Gedichte 1976, Frankfurt a. M. 2005[6].

–, Hinter allen Worten. Gedichte 1980, Frankfurt a. M. 2005[6].

–, Wir pflanzen Zedern. Gedichte 1957–1963, Frankfurt a. M. 2005[3].

Brecht, Bertolt, Gedichte 1 und 2 (= Ausgewählte Werke 3 und 4), Jubiläumsausgabe zum 100. Geburtstag, Frankfurt a. M. 1997.

Bruners, Wilhelm, Gottes hauchdünnes Schweigen. Auf seine Stimme hören (= Franziskanische Akzente 20), Würzburg 2019.

Fried, Erich, Gedichte, München 2003.

–, Höre Israel. Gedichte gegen das Unrecht. Gedichte und Fußnoten, Neu-Isenburg 2010.

–, Lebensschatten. Gedichte, Berlin 2001.

–, Um Klarheit. Gedichte gegen das Vergessen, Berlin 2000.

Domin, Hilde, Sämtliche Gedichte, Frankfurt a. M. 2009[2].

Gernhardt, Robert, Im Glück und anderswo. Gedichte, Frankfurt a. M. 2007.

–, Später Spagat. Gedichte, Frankfurt a. M. 2008.

–,Bernstein, F. W., Besternte Ernte. Gedichte, Frankfurt a. M. 2006[5].

Knapp, Andreas, Beim Anblick eines Grashalms. Naturgedichte, Würzburg 2017.

–,Heller als Licht. Biblische Gedichte, Würzburg 2016[3].

–,Höher als der Himmel. Göttliche Gedichte, Würzburg 2015[3].

Kunze, Reiner, Gedichte, Frankfurt a. M. 2013[4].

Malkowski, Rainer, Die Gedichte, Göttingen 2015[3].

Marti, Kurt, Der Traum, geboren zu sein. Ausgewählte Gedichte, Zürich/München 2003.

–,Die Liebe geht zu Fuß. Ausgewählte Gedichte, Zürich/München 2018.

–,Du. Rühmungen, Stuttgart 2008.

–,Mein barfüßig Lob. Gedichte, Berlin 1989.

Oesterheld, Lisa F., Gottesschimmer. Geistliche Gedichte, Würzburg 2016.

–,„Hymne ans Leben". Gedichte, Würzburg 2019.

Oosterhuis, Huub, Du Atem meiner Lieder. 100 Lieder und Gesänge, hg. von Kork, Cornelis, Freiburg i. Br. 2009.

–,Das Huub Oosterhuis Gottesdienstbuch, Freiburg i. Br. 2013.

–,Das Huub Oosterhuis Lesebuch, hg. von Kok, Cornelis, Freiburg i. Br. 2013.

–,Psalmen, Freiburg i. Br. 2014.

Said, Psalmen, München 2010[3].

Sölle, Dorothee, Gesammelte Werke Bd. 6: Du stilles Geschrei. Wege der Mystik, Stuttgart 2007.

–,Gesammelte Werke Bd. 8: Das Brot der Ermutigung. Gedichte, Stuttgart 2008.

Abkürzungsverzeichnis

Die Schrifttexte sind entnommen aus:
Einheitsübersetzung der Heiligen Schrift, Katholische Bibelanstalt, Stuttgart 1980. Sowie für den Gottesnamen: Einheitsübersetzung der Heiligen Schrift, Katholische Bibelanstalt, vollständig überarbeitete Auflage, Stuttgart 2016.

Die Franziskus-Quellen (FQ) sind zitiert nach:
Berg, Dieter/Lehmann, Leonhard (Hg.), Franziskus-Quellen. Die Schriften des heiligen Franziskus, Lebensbeschreibungen, Chroniken und Zeugnisse über ihn und seinen Orden, Kevelaer 2009.

Dabei gelten folgende Abkürzungen:
3 C = Thomas von Celano, Das Mirakelbuch
Fior = Fioretti / Blümlein des hl. Franziskus
GebKr = Gebet vor dem Kreuzbild von San Damiano
LobGott = Lobpreis Gottes

Die Klara-Quellen (KQ) sind zitiert nach:
Schneider, Johannes/Zahner, Paul (Hg.), Klara-Quellen. Die Schriften der heiligen Klara, Zeugnisse zu ihrem Leben und ihrer Wirkungsgeschichte, Kevelaer 2012.

In der Reihe „Franziskanische Akzente" sind bisher erschienen: